Steffen Kersken

Da machste nix dran!

AF625223

Für Inge und Hildegard

Steffen Kersken

Da machste nix dran!

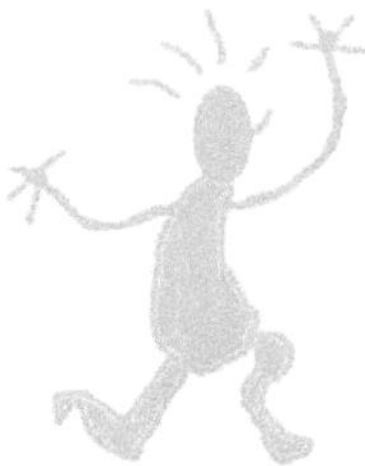

Über die Psychologie des Niederrheiners
Kleine Geschichten aus der großen Welt
Inklusive Niederrheinischen Sprachlexikon

Impressum

© Rechte Steffen Kersken
Erste Auflage

Umschlag Steffen Kersken & Verlag Tredition

Verlag: tredition GmbH
978-3-7323-7436-6 Paperback
978-3-7323-7437-3 Hardcover
978-3-7323-7533-2 E-Book

Printed in Germany

Das Werk, einschließlich seiner Teile, ist urheberrechtlich geschützt. Jede Verwertung ist ohne Zustimmung des Verlages und des Autors unzulässig. Dies gilt insbesondere für die elektronische oder sonstige Vervielfältigung, Übersetzung, Verbreitung und öffentliche Zugänglichmachung. Bibliografische Information der Deutschen Nationalbibliothek: Die Deutsche Nationalbibliothek verzeichnet diese Publikation in der Deutschen Nationalbibliografie; detaillierte bibliografische Daten sind im Internet über http://dnb.d-nb.de abrufbar.

Einleitung

Um die kleinen und großen Geschichten über den „Niederrheiner an sich“ zu verstehen, solltest du versuchen, dich ein wenig in seine Denkweise hinein zu versetzen. Wahrscheinlich wird dir dann recht schnell gelingen, die Ironie und den Sarkasmus zu begreifen, mit denen der Niederrheiner den Gewalten des Lebens entgegentritt.
Er begegnet den schwierigen Situationen des Lebens mit einer leicht herzigen und witzelnden Art, und diese Eigenschaft scheint dem Vollblut-Niederrheiner bereits angeboren zu sein, denn wenn er beim ersten Lichtblick bereits Sprechen könnte, so würde er wahrscheinlich einen Witz über die krumme, preußische Kartoffelnase der Hebamme machen oder sich darüber beschweren, dass die Geburt zu lange gedauert hat und diese so fürchterlich kompliziert war. Dass er jedoch die Hauptschuld an dieser schwierigen Geburt trägt, würde er natürlich niemals zugeben oder die Tatsachen zu seinen Gunsten so verdrehen, dass man ihm am Ende noch glaubt.
Ich schildere in meinem neuen Buch die Erfahrungen eines Niederrheiners in der kleinen und großen Welt. Ich erzähle dabei als Niederrheiner die ein oder andere typisch, niederrheinische Anekdote und wie ich andere Niederrheiner an den verschiedensten Örtlichkeiten der Erde erlebt habe, bzw. wie sie ganz unscheinbar die Welt verändert haben. Und eines lasst euch gesagt sein: Niederrheiner verlassen nie etwas so, wie sie es vorgefunden haben!
Ihr werdet lachen, aber es ist nicht selten, dass man einen Niederrheiner an den entlegensten Orten und in den entlegensten Kaschemmen dieser Welt trifft.
Er taucht meistens ganz unverhofft aus dem Nichts auf, um mit seiner eigentümlichen Art die Sicht der Dinge zu schildern oder man kann auch sagen, er verdreht die Dinge.
Ich erzähle diese Geschichten und stelle mir dabei oft folgende Frage:
Dürfen wir nicht auch den traurigen Dingen und Erlebnissen so begegnen wie ein Niederrheiner diesen Dingen begegnet, nämlich immer mit einem Stück eigensinniger Weisheit, einem passenden Spruch auf den Lippen, eine Portion Humor und einem verschmitzten Lächeln im Gesicht?
In meiner Funktion als Ergotherapeut und durch die Arbeit mit Menschen komme ich öfters mit Erkrankungen wie Depression, Burnout, Mobbing

oder Panikstörungen in Kontakt. In Krisensituationen kollidieren die typisch niederrheinischen Sichtweisen häufig mit dem klassischen „Schwarzdenken“ des Menschen, aber auch nicht selten stimmt die Art des Niederrheiners, alles positiver zu betrachten, nicht zu bierernst zu sein, mit einem Schuss Ironie zu leben, den liewen Jott hin und wieder liewen Jott sein zu lassen und frei Schnute aus dem Bauch zu schwatten, mit den Behandlungsansätzen der Psychologie und Verhaltenstherapie überein. Ich gehe darauf auch gerne später in meinen Geschichten und Gedichten ein.

Das sonderbare Verhalten ist nicht zuletzt das „typisch Niederrheinische“ an dem Menschen vom Niederrhein, nein, auch seine gelassene Mundartsprache trägt zu seiner einmaligen Art bei, die Dinge so zu sehen, wie er sie gerade sehen möchte, fernab der eigentlichen Realität. Niederrheinisch ist im Übrigen dem niederfränkischen Dialekt zugerechnet, und gerade ältere Generationen am Niederrhein sprechen noch diese urtypische Sprache. Es gibt im Übrigen zwei Sparten von Sprachtypen, die sich nördlich und südlich von Uerdingen über den Niederrhein ausgebildet haben. Dazu aber später mehr. Wir tauchen nun gemeinsam in die Welt des Niederrheiners, indem ich euch ganz einfach mal ein paar dieser Typen vorstellen werde. Das Sprachlexikon auf den folgenden Seiten soll euch „Nicht-Niederrheiner“ vorab ein wenig über den „Ureinwohner des Niederrhein“ verraten, und es soll euch helfen, sich mit den Gepflogenheiten und Eigentümlichkeiten des Niederrheiner vertraut zu machen!

Euer Steffen

Niederrheinisches Lexikon (Alphabetisch geordnet)

Im Sprachlexikon findet ihr die Begriffe, die im Buch mit einem „*" gekennzeichnet sind und welche ihr dann gerne hier nachschlagen könnt:

***A Wat**
Heißt auf Hochdeutsch: Was? Nein! Ich doch nicht! Dieser Ausdruck beschreibt energisches Intervenieren. Der Niederrheiner unterstreicht damit seine Gegenposition. Das Gegenteil von
„A wat!" ist „Juuuut!".

***Balch**
Anderes Wort für Bauch, Leib.

***Sag ma bist du bekloppt oder wat?**
Diese Frage wird impliziert, sobald ein Niederrheiner etwas zerstört, irgendwo hineinfällt oder etwas herunterfällt bzw. er etwas hinunterwirft oder etwas schiefläuft. Der Ausruf erfolgt nicht nur bei großen, sondern auch bei klitzekleinen Missgeschicken.
Umstehende Personen reagieren auf das Missgeschick mit diesem plötzlichen, energisch lautem Ausruf. Viele Nicht-Niederrheiner erschrecken bei diesem plötzlichen Ausruf zu Tode, sie erleiden einen halben Herzinfarkt und denken:
„Was ist da denn Schlimmes passiert? Ach so, der Typ hat nur das Glas umgeworfen. Gott sei Dank! Ich dachte schon, wer weiß was ist passiert! Land unter, Überfall oder Explosion!
Meine Güte! Der Kopp schreit den Typen an, nur weil er das kleine Glas da umgeworfen hat!"
Dieser Ausruf muss aber laut und energisch erfolgen und sagt nicht zwangsweise aus, dass der Ausrufer jetzt tierisch erbost oder sauer ist. Nein, zu diesem Ausruf gehört das Lautsein wie der Schaum auf dem Pils. Dat is einfach so!

***Dat is Ansichtssache**
Wenn dem Niederrheiner eindeutig nachgewiesen ist, dass er definitiv kein recht hat, also absolut Unrecht hat, dann verwendet er die Floskel

„Dat is Ansichtssache!“, um seinem Gegenüber nicht direkt recht geben zu müssen. Der Niederrheiner hasst es nämlich, im Unrecht zu sein. „Dat is Ansichtssache!“ ist das Pseudonym für „Stimmt, da lag ich Falsch!“. Diskutieren zwei Niederrheiner in einer Kneipe über ein Streitthema, dann endet die Diskussion meistens mit dieser Floskel. Selbst wenn einer der Streithähne eine Urkunde auf den Tresen legt, die vom Bürgermeister höchst persönlich beglaubigt ist und eindeutig beweist, dass der andere falsch liegt, so schiebt der Ertappte die Urkunde weg und sacht:
„Dat is Ansichtssache!“
Beide Parteien haben so das Gefühl recht zu haben und können mehr oder weniger friedlich ihr Bier weiter trinken.

***Dat hätt mir auch en Esel mit längeren Ohren sagen können**!
Reaktion eines Niederrheiners auf eine doofe, unpassende Antwort, die er sich auch auf diese Art hätte selbst beantworten können:
„Wat trägst du denn da für komische Dinger?“ (Die Schuhmarke ist gemeint)
„Ich trage Schuhe!“
„Ja, dat hätt mir auch en Esel mit längeren Ohren sagen können!“

***Da machste nix dran!**
Kein anderer Satz drückt die niederrheinische Gelassenheit so gut aus wie diese Floskel. Dieser Satz ist am Niederrhein weit verbreitet und er drückt einen endlichen Zustand aus, den der Niederrheiner versucht zu erfassen und zu verarbeiten. Ein Niederrheiner verwendet ihn, wenn etwas kaputt gegangen ist, jemand verstorben ist, schwer krank geworden ist und sonst etwas Schlimmes oder auch weniger Schlimmes passiert ist. Die Menschen drücken damit ihr Beileid aus, geben Zustimmung und sie zeigen Mitgefühl.
„Hasse gehört? Der Peter Keller is mit dem Moped gestürzt!“
„A wat? Schrecklich! Und?“
„Tod! Schädelbruch! Besoffen vor den Baum jefahren!“
„Gotteswillen, wie traurig!“, kurzes Schweigen.
„Da machste nix dran!“
„Nee, da machste auch nix dran!“, kurzes Schweigen.
„Ich hab schon immer gesacht, datt der sich noch Tod säuft!“

„Ja, da hasse recht. Dat hasse schon immer jesacht! Ganz koscher war der nicht, der Peter!“
„Schlimm!“, kurzes Schweigen.
„Machste nix dran!“
„Nee, nee. Kannze nix dran machen!“
„Dat Wetter is aber gerade auch wieder fies geworden!“
„Gestern schien schon noch die Sonne, heute is et wieder an Dröppeln!“
„Machste nix dran!“
„Nee!“.

Ich brütete beim Schreiben der Texte auch über einen passenden Titel für dieses Buch, und „Über die Psychologie des Niederrheiners“ wäre ein passender Name für ein psychotherapeutisches Sachbuch gewesen, aber dieses Buch sollte ja kein reines, therapeutisches Sachbuch werden, als ich während der Grübelphase einen Anruf von meinem Kumpel Jörg bekam:
„Hömma Steffen! Ich hab mir doch jetzt dieses luxuriöse Rennrad von Kellys gekauft, weiße! Wo du kaum noch schalten muss, 24 Gang, und du darfst nur auf Asphalt fahren, verstehsse? Ich bin jetzt schon den janzen Niederrhein rauf und runner jefahren. Ich sach dir Steffen, astrein! Dat geht ab wie Pommes! Ich trag da auch Schutzkleidung und so'n Gedöns, weiße, da muss du ja aufpassen. Ich hatte mir da für den Lenker jetzt so'n Halter gekauft, dat is hoch modern, weiße, da konnte ich dann mein neues iPhone rein klemmen, weiße, dat wat ich von der Sonja zum Geburtstag geschenkt gekriegt habe. Ich konnte dann Route, Geschwindigkeit, Kalorienverbrauch, und KM/H während der Fahrt einfach so ablesen! Hömma, ich bin gefahren und gefahren!“
„Schön!“, sagte ich.
„Ja. Ich war gestern auch unterwegs, weiße! Ich bin von Schwafheim los nach Büderich, Walsum, und wollte gerade Richtung Rees weiter und bin dat Stück auf die Bundesstraße B8 jefahren. Mein Rad hatte auch schon gute 50 KM/H drauf, als ich voll in so'n Schlagloch geschlagen bin.“
„Schrecklich!“, sagte ich.
„Jo! Ich konnt dat Ding gerade noch so auf der B8 halten und mich auf dem Sattel pressen, aber mein neues iPhone is mit einem lauten Scheppern vom Lenker geschleudert worden!“
„A wat!“
„Ja! Dat Ding flog zehn Meter über die rechte Spur drüber und direkt auf

die Gegenfahrbahn!"
„Oh je. Dat Teil hat aber hoffentlich niemanden getroffen?"
„Nee, dat nicht! Aber ein 18 Tonnen LKW, bis oben hin voll beladen mit Mastschweinen, kam in dem Moment an mir vorbeigerauscht und bretterte direkt über mein iPhone 5!"
„Dat jib et doch nicht!", war ich schockiert!
„Ja! Dat ganze Ding war in Kleinstteile zerlegt. Ich hab dat janze Zeug dann auf der B8 eingesammelt und heut morgen zu iPhone geschickt. Die Köppe waren irgendwie amüsiert, weil ich denen natürlich von dem Schweinetransporter auf der B8 erzählt habe, aber zumindest gucken sie jetzt, ob sie die Daten noch retten können."
„Nee, nee Jörg. Womit telefonierst du denn jetzt gerade?"
„Mit dem alten Nokia 5110 von ne Mudder! Ich sag dir, kannze ruck zuck tippen, hasse Akku ohne Ende!"
„Ach was!"
„Jo! iPhone wollte mir jetzt noch en gebrauchtes Handy schicken, aber ich hab gesagt:
Braucht ihr nich. Dat alte Nokia von ne Mudder is besser! Die Daten haben sie aber dann doch gerettet!", kurzes Schweigen.
„Gut das dir nix passiert is!", kurzes Schweigen.
„Steffen. Da machste nix dran!"
„Nee, da machste auch nix dran!"
Der Titel war geboren!

***Ganz wat Feines, sach ich dir!**
Der Niederrheiner ist ein Genussmensch und er gibt den anderen gerne etwas Leckeres ab, wobei er diesen Satz dann immer unterstützend verwendet. Vor allem, wenn es sich dabei um Feinkost handelt oder um etwas sehr Teures, dann benutzt er diese Floskel.
„Kumma du kriegst auch en Stück Püfferkes! Dat is gaaanz wat Feines! Joode Honger!"

***Ich glaub ich steh im Busch**
Ein Ausdruck des Verdutztseins. Wenn ein Niederrheiner positiv oder negativ überrascht wurde, dann ruft er diesen Ausdruck des Entsetzens oder Verzückens aus.
„Maike und ich haben 14 Tage Marokko gebucht. Total günstig! Wir

fahren nämlich von Duisburg aus mit dem Bus dahin. Wir sind dann zwar vier Tage unterwegs, aber et kost dafür nix!"
„Sach ma seid ihr bekloppt oder wat? Mit dem Bus nach Marokko? Ich glaub, ich steh im Busch!"

***Ein Kopp und ein Arsch**
Niederrheinischer Ausdruck für ein eingespieltes Team oder ein sehr verliebtes Pärchen.
Der Niederrheiner beschreibt damit eine Einheit, eine funktionierende Zusammenarbeit.
„Kumma die beiden da, die sind ein Kopp und ein Arsch!"

***Fiese Möpp**
Der Universalbegriff für „schlecht" oder „doof". Der Begriff wird häufig beim Wetter verwendet:
„Wat is heute wieder fürn fiese Möpp Wetter!" oder auch gern bei Personen, die sie nicht mögen:
„Dieser Freund von ne Michaela, da der Bauarbeiter aus Kevelaer da, dat is aber en fieser Möpp, der Kerl. Nee du, dat sach ich dir aber."
Im Zusammenhang mit „schlecht" auch gern verwendet: Fisimatenten.
Der Satz „Mach mal bloß keine Fisimatenten" stammt aus dem Mittelalter und soll laut alt-patriotischer Erzählungen aus der französischen Besatzungszeit stammen. Französische Soldaten sollen Frauen mit folgendem Satz in ihr Zelt gelockt haben:
„Visitez ma tente!", frei übersetzt heißt es, „Besuchen Sie mein Zelt!".
Wenn für Frauen abendlicher Ausgang anstand, wurde ihnen deshalb etwas mit auf dem Weg gegeben:
„Mach aber bloß keine Fisi ma tenten!". Als Gegenteil von „fiese Möpp", also „den mag ich nicht", verwendet der Niederrheiner „dat is en Juten".

***Ich erinnere mich da noch**
Menschen vom Niederrhein haben immer eine Anekdote parat, ausgelöst durch ein Stichwort in einer Unterhaltung oder wenn sie etwas sehen. Sie erinnern sich dann an ein Erlebnis und teilen ihren Mitmenschen die passende Anekdote dazu mit, vollkommen egal, ob dieser Mitmensch die Anekdote hören möchte oder nicht. So kann es passieren, dass eine Unterhaltung mit einem Niederrheiner normal beginnt und von Anekdote

zu Anekdote springt und man das Gefühl hat, „Oh Gott, von dem Kopp komm ich hier nie weg!“

***Ich wollt dir nochmal eben kurz erzählen**
Einleitung des Niederrheiners, um zu einer weit umschriebenen Geschichte auszuholen. „Mal eben kurz“ steht dabei eigentlich für „ganz lang und wenn die anderen mich nicht unterbrechen, packe ich noch meine Lebensgeschichte mit rein.“ Wenn sie diesen Satz während der Unterhaltungen mit einem Niederrheiner hören, sollten Sie am besten wegrennen, das Weite suchen oder sich flach auf den Boden legen und die Finger in die Ohren stecken! Das hindert den Niederrheiner zwar nicht daran, seine Geschichte zu erzählen, aber Sie bekommen davon nichts mit.

***Ich bin mit dem Kopp nicht zur Schule gegangen**
Wenn ein Niederrheiner auf eine Person angesprochen wird. Ob diese Person dabei Prominent ist oder von neben an kommt, spielt dabei keine Rolle. Wenn er die Person nicht kennt, ist es ihm auch vollkommen Wurst, ob derjenige VIP oder der Kaiser von China ist. Der Niederrheiner antwortet dann mit diesem Satz:
„Sach ma, hast du dat von dem George Clooney gelesen? Der Kopp is wieder solo!“
„Na und? Kenn ich doch nicht, den George Clooney. Ich bin mit dem Kopp nicht zur Schule gegangen!“.

***In dem Sack hasse aber Krinten**
Der Niederrheiner benutzt diese Floskel genau dann, wenn er seine Aussage stützen möchte, so nach dem Motto:
„Da kannst du dir aber sicher sein!“ oder „Genauso war dat!“

***Juuuut!**
Energischer Ausdruck der Zustimmung. Der Niederrheiner drückt damit aus, dass er dir zu 1.000 Prozent beipflichtet. Der Niederrheiner spricht das „Juuuut“ aber auch öfters mal langgezogen aus, wenn er ertappt ist oder er jemanden recht geben muss. Beispiel:
„Ja Juuut, da war ich in der Ausdrucksweise vielleicht en Biscken zu grob.

Da hasse recht!“

***Kuhuhu**
Ein Niederrheinisches Fabelwesen mit Namen Albella-Bavaria, das häufig nach dem Genuss von „Danzig Spezial“ erscheint, einem Wodka Getränk aus Polen. Genetisch betrachtet ist sie eine Mischung aus Kuh und Uhu. Ihr Fell erscheint meist bordeauxrot, wobei das eher typbedingt ist. Niederrheiner sollen Alba schon in grün-weiß gesehen haben und mit spanischem Akzent sprechend. Sie trägt eine Glocke aus Herzform um den Hals.
Alba ist eine Revolutionärin und sie hat den Freiheitskampf der Kuhuhus gegen die Melkmaschinen angeführt. Sie erzählt oft von vergangenen Heldentaten, genauso, wie viele andere Niederrheiner von großen vergangenen Taten reden.

***Kaschemme**
Am Niederrhein auch verrufenes Gasthaus genannt. Männliche niederrheinische Kneipengänger mögen es besonders gern, wenn das verrufene Gasthaus besonders verrufen und schmuddelig ist und, wenn es geht, auch gute Rockmusik darin gespielt wird. Weibliche niederrheinische Kneipengänger mögen die Kaschemme überhaupt nicht und sie können auch nicht nachvollziehen, warum ihre Männer dahin wollen. Frauen, die freiwillig eine Kaschemme besuchen, sind entweder gut drauf, voll zu gedröhnt oder sie arbeiten dort hinter der Theke. „Kaschemme“ stammt im Übrigen aus dem Hebräischen (Me`is = Kaschem me) und heißt „schlechte Herberge“. Frauen müssen ihre Männer oft aus einer Kaschemme rauszerren, loseisen oder rauskloppen, weil diese Köppe es mal wieder übertrieben haben.
Der Niederrheiner wird manchmal aber auch einfach rausgeworfen, weil er wieder eine zu große Schnüt gehabt hat.

***Köbes**
Köbes ist ein rheinischer Begriff für Kellner und der Niederrheiner benutzt diesen Ausdruck, wenn er anderen Personen einen süffisanten Spitznamen geben möchte.
„Wo ist der Uli denn hin?“
„Der Köbes zieht wieder um die Häuser, auf den brauchst du heute nicht

warten!“

*** Niederrheinische Taubheit**
Diese eigenwillige Ohrenerkrankung kommt besonders bei den älteren Generationen des Typus Niederrheinus vor. Erkrankte leiden besonders darunter, nur dat zu verstehen, wat sie verstehen möchten! Starrsinn, Egoismus, Sturheit oder Knorrigsein sind häufige Vorerkrankungen der niederrheinischen Taubheit! Studien haben ergeben, dass diese Erkrankung öfters beim männlichen Geschlecht auftritt.
***Niederrheinisch Orientiert**
Artikulation mit Hilfe von Wortfetzen, knappen Andeutungen, nur dem Nötigsten. Besonders männliche Niederrheiner bevorzugen diese Form der Artikulation untereinander:
Knapp, gefühlsbetont und zielorientiert. Zwei vertraute Niederrheiner können auf diese Weise z.B. auf einer 12-Stunden-Autofahrt nach Prag, ohne sich auch nur ansatzweise vor der Stille des Schweigens zu schämen, eine niederrheinisch orientierte Kommunikation führen:
„Pippi?“
„Jo!“
„Nächste?“
„Jo, jo!“

***oder wat?**
Wir würden dieses Anhängsels auf Hochdeutsch als Nachfrage einfügen: “Kannst du Peter heute Anrufen oder was?“.
Der Niederrheiner benutzt diese Floskel allerdings, neben der Nachfrage, auch zur Unterstützung einer Aussage. „oder wat?“ heißt quasi: “Siehsse! Ich hab da mal wieder recht gehabt. Warum hörst du auch nicht auf mich?“. Er drückt mit dem Anhängsel eine Frage und zugleich die Aussage aus:
„Ich hab recht!“ oder „Dat hab ich dir doch jesacht!“.
Ein Beispiel:
„Gehst du immer noch mit der Alten aus? Die Süße sieht zwar gut aus, aber die will doch nur an deine Moneten oder wat!“

***Schwatten**
Die Lieblingsressource des niederrheinischen Ureinwohners. Schwatten

heißt so viel wie quasseln oder reden. Der Niederrheiner redet über alles und nichts. Er springt beim Schwatten dabei von Thema zu Thema. Für Außenstehende ist es extrem schwer, dem Schwattkopp zu folgen. Das Schwatten fängt mit einer Radtour und Plattfuß in Hinsbeck an und nach mehreren Sprüngen hört es damit auf, dass der Frauenarzt auf der Langestraße schwul geworden ist. Der Zuhörer muss hier Geduld beweisen, vor allem, wenn man den Schwattkopp mag oder gar mit ihm verwandt ist.

***Siehsse**

Universalbegriff für:
„Ich hab recht gehabt und du nicht! Ätsch!"
„Hab ich dir doch gleich gesagt, aber du hörst ja nicht!"
Ein Beispiel:
Ronny möchte mit seiner neuen Freundin zum Rockfestival an den Baggersee gehen.
Die Omma Gertrud fängt ihn wie immer unten an der Türe ab und sie steht natürlich rein zufällig in der Diele. Ronny will jetzt eigentlich nur schnell an der Omma vorbeikommen, damit die neue Flamme Nina nicht direkt wieder Reißaus nimmt, aber er kennt ja Omma Gertrud und an ihr kommt er ja nicht einfach so vorbei.
Sacht die Omma:
„Nimm Regenschirm mit!"
„Wieso dat? Guck mal raus, die Sonne is am Scheinen!"
„Nimm Regenschirm mit!"
„Omma, et sind 30 Grad, die Leute rennen hier in kurzen Hosen rum!"
„Nimm Regenschirm mit!"
„Nein!"
„Nimm Regenschirm mit, et regnet gleich!"
„Ich werd bekloppt hier, nein, ich nehm keinen Regenschirm mit!"
„Wenn ich et dir sach, nimm Regenschirm mit!"
„Omma, wir sind keine Kinder mehr und alt genug, um selber zu entscheiden!"
Er entschuldigt sich auf dem Weg zum Festival 100 Mal bei seiner neuen Freundin, weil Omma wieder so aufdringlich war. Ronny und Nina stehen jetzt da beim Konzert und alles ist fröhlich, aber mittendrin geht plötzlich der Himmel auf und es fängt an, wie aus Kübeln zu gießen.

Die neue Perle ist pitschnass geworden und ihr Oberteil bis auf die Nippel durchgeweicht.
Ein kurzes Unwetter, warum auch immer, hat sich auf den Niederrhein niedergelassen.
Ronny und Nina kommen klitschnass wieder nach Hause und die Dielentür von der Omma steht ein Stückchen weit auf. Omma Gertrud sitzt auf der Couch und näht an Oppas Hemd, sie guckt aber nicht einmal zu den beiden hin und würdigt ihnen keines Blickes. Die Stille und „das Nicht-Anblicken" empfindet Ronny schon als Höchststrafe, aber er versucht leise und ohne Geräusche die Treppe hochzukommen. Im Schlepptau noch immer die Perle mit den nassen Nippeln! Die erste Stufe ist geschafft und er denkt schon:
„Jo, ich bin vorbei!", aber da guckt die Omma Gertrud von dem Hemd hoch und schreit nur ein Wort durch den Flur: „Siehsse!".

*** Schreiberling**
„Seltsame Type", die sich alltägliche Gespräche von Niederrheinern merkt und sie zu Texten verfasst.

***So schnell schießen die Preußen nicht**
„Mach mal ruhig!", „Nicht so schnell!", „Ruhig Brauner!" würde die Übersetzung dieser Floskel bedeuten. Der Niederrheiner bremst damit seinen Gesprächspartner aus und er bittet um mehr Gelassenheit.

***Über die Wupper gegangen**
Der Niederrheiner sagt sehr selten, dass jemand fast verstorben wäre.
Er benutzt dazu die Floskel „Über die Wupper gegangen!" und verwendet dabei den Begriff Wupper, ein Fluss, der im Bergischen Land entspringt.
Der Niederrheiner spricht oft und gerne über seine Krankheiten, ein Phänomen, das im Alter zunimmt. Ein Beispiel:
Die Henni und die Doro treffen sich beim Einkaufen bei Aldi:
„Ach Henni, grüß dich. Ich wusste gar nicht, dass du auch immer nach en Aldi reingehst. Wie is set?"
„Tag Doro. Ja jut, jut. Aber jetzt stell dir vor, die Michi, weiße, die vom Schwimmkurs für Ü40, die hat en Schlaganfall gekriegt!"
„Nee! Jotteswillen! Is die nicht zu jung für so wat!"
„Ja sicher. Ich mein, ich hatte dat ja auch mal, da bin ich Samstags abends

bei „Wetten Dass“ auf der Couch eingepennt und ich wach um elf Uhr auf, und hömma, sach ich dir, mein rechter Arm war wie taub, so als wenn da tausend Ameisen drübber krabbeln würden. Ich sach für'n Manni, Manni, sach ich, knete mal! Und der Manni hat dann geknetet wie sonst wat. Ich hab da schon gedacht, oh, jetzt gehsse wohl über die Wupper, wa! Aber nachher ging dat dann doch wieder. Ich bin da für so wat nich für'n Arzt nach gegangen, aber et hätt ja sin können! Weiß ich doch nicht als Laie, ob dat jetzt von „Wetten Dass“ kommt oder ob et wat Ernstes is!“
„Nee! Da machste nix, du! Wenn de Pech hast erwischt et dich, wann et will!“
„Ja und die Michi hat jetzt die rechte Seite gelähmt, also der Arm hängt nur noch!“
„Schrecklich!“
„Ja, ja! Aber sprechen kann se noch, die Michi. Aber kochen und so wat muss jetzt der Karl machen, ihr Mann. Und Doro ich sag dir jetzt, der Karl, dat war ja immer so nen Heimchen. Weiße, die Michi hat dem Kopp immer alles nachgetragen! „Der arbeitet doch so schwer!“ sagte die dann immer. „Der Jute is abends immer so kaputt, der Karl trinkt sich dann nur noch ne Dose Pils und dann is der Mann hinüber. Da kann der doch nicht noch Haushalt machen oder Kochen!“, sacht se immer. Aber jetzt stehen se da! Ich bin mal gespannt, wie dat jetzt klappen soll, wenn der Karl da Abends seine Dose Bier trinkt und dann für beide noch kochen soll!“
„Nee du, dat is en Driet!“
„Da machste nix dran!“
„Nee! Da machste auch nix dran!“

***Wat ich nich kenn, dat kann ich nicht kriegen**
Niederrheinische Weisheit, die besonders bei neu modernen Gesellschaftskrankheiten greift:
„Burnout? Wat is dat denn?“
Ältere Niederrheiner erzählen gerne und oft davon, wie sie bereits als 17jährige auf dem Bau nonstop gearbeitet haben, ohne auch nur ansatzweise depressiv, müde zu werden oder gar umzufallen!
Sie haben überhaupt kein Verständnis für diese neuen Krankheiten, früher ging ja auch alles ohne so'n Kram!

***Wat fürn Ding?**

Wenn der Niederrheiner einen Begriff nicht kennt, dann antwortet er verdutzt mit diesem Satz und er erwartet eine Aufklärung.
„Der Wein entfaltet dann sein Bukett!“
„Wat für'n Ding?“

Wir kommen nun zum Niederrheiner selbst und seinen vier Charakter-Kategorien, welche wir im realen Leben beobachten:
Kategorie A
Das Lexikon würde den Typus A wie folgt umschreiben:
Hager vom Körperbau, fast dünn, eher unauffällig und knorrig.
Dieser Typ spricht kaum, meistens nur auf Anfrage bzw. nach zweiter Anfrage.
Ausprägung dieses Typus:
Er denkt lange nach, bevor er dann nichts sagt!
Menschen, die viel Rückmeldung durch andere benötigen, fühlen sich in seiner Umgebung unwohl. Denn der Typus A gibt seiner Umgebung weder positive noch negative Rückmeldung. Er gibt meistens gar keine Rückmeldung.
Die Begründung für sein Verhalten ist dabei einfach umschrieben:
„So sacht man nix Falsches und tritt auch niemandem auf die Nase.“
Er verleitet sein Umfeld durch sein passiv-aggressives Verhalten dazu, selbst ständig und in einem Guss zu reden, man sacht am Niederrhein auch, zu quasseln oder zu schwatten. Dieses Phänomen beruht auf die zunehmende Verunsicherung seines Gegenübers, nicht zu wissen, wie man bei diesem Typen denn nun ankommt. Also quasselt man ihn voll, nur um irgendwie eine Reaktion von seiner Seite zu erhalten. Es ist kein Wunder, dass wir uns nach einem Gespräch mit Typ A durchaus schlecht fühlen, denn alles Quasseln lockt ihn nicht ein Bisschen aus der Reserve.
Dieser Niederrhein-Typus beseitigt jedes Hindernis durch seine ausdauernde Beharrlichkeit.
Niederrheiner dieser Ausprägung des Typus A tragen häufig sehr kurze und prägnante Namen bzw. Spitznamen wie Kalle, Bolle, Willy oder Harry.
Die Kurzform des eigentlichen Namens spiegelt dabei den Typus A in seiner einfach gestrickten, aber auch zielorientierten Verhaltensweise und nonverbalen Kommunikation mit seiner Umwelt wider. Ein Typus A zeigt seine Innenwelt, wie z.B. Freude, nicht mit exzentrischer Gestik. Er würde

nie einen Luftsprung vor Publikum ausführen oder gar in Euphorie ausbrechen.
Stattdessen zeigt er seine versteckte Lebensfreude darin, für Nahestehende dann extrem überraschend, indem er ein Hawaiihemd trägt. Ob das Hemd nun dem Umfeld angemessen ist oder völlig fehl platziert, spielt für ihn keine Rolle. Sobald Typus A Freude empfindet, trägt er bunt auf anstatt er sein Gefühl extrovertiert zu äußern. Das ist die einzige Situation, in der ein Typus A wirklich auffällt, denn ansonsten versucht er so gut es geht in der Masse zu verschwinden. Der männliche Typus trägt dezente Farben und vermehrt karierte Hemden, der weibliche Typus öfters Hose statt knappe Röcke. In Gruppen fällt er fast nicht auf, denn seine Stärke ist das so genannte „Chamäleon-Verhalten". Er passt sich irgendwie optimal den Schwingungen seines Umfeldes an, wodurch er in der Breite der Gruppe beliebt ist.
Dieser Typ ist auch immer ein echter Freund, der mit dir durch das Schwafheimer Meer schwimmen würde, wenn du ihn nur darum bitten würdest.
Menschen, die sich an den Typus A gewöhnt haben, sprechen die Kurzform seines Namens sehr gerne und fröhlich zwitschernd aus, während im Umgang mit Typus A ungeübte Personen eher die Vollversion bevorzugen und damit ihre eigene Unsicherheit und Distanz zum Ausdruck bringen.
Diese Unsicherheit und Distanz baut sich nicht selten schnell ab, je nachdem, wie oft man mit Typen, wie Harry und Co. in Kontakt gerät. Viele Menschen bekommen dann überraschenderweise irgendwann nicht mehr genug von diesem Typus, und auch ich ertappe mich dabei, stetigen Kontakt zu Harry und Co. zu suchen. Das Schweigen, auch in den verschiedensten Lebensumständen und schwierigsten Problematiken, wird anfangs als peinlich, später jedoch mehr als angenehm wahrgenommen.
Klar ist dat jut, wenn du mal Mist baust und dein Gegenüber sacht nur:
„Kann man doch mal machen" oder:
„Jut, is halt passiert. Schitt wat drupp".
Komplexe Problematiken wie Fahrerflucht, permanentes Fahren ohne Führerschein, Hintergehen des Lebenspartners, Wirtschaftsdelikte, Mobbing und Berufsdelikte, das Nichtbezahlen eines Bierdeckels und das plötzliche Schwulwerden des sechsfachen Vaters und evangelischen Pastors sowie das Platzen jeglichen Sacks Reis auf dieser Welt werden

von ihm entzerrt, vereinfacht ohne großes Tamtam, messerscharf analysiert und psychologisch klar auf den Punkt gebracht. Er bringt alles auf den Punkt mit einem kleinen Satz:
„Schitt wat drupp".
Was Psychologen in endlosen Sitzungen mühselig entschlüsseln, nur um den psychisch labilen Patienten wieder in die Spur zu bekommen, wird vom Niederrheiner Typ A mit einem Satz reflektiert und für sein Gegenüber mit einfacher zielorientierter Botschaft versehen.
Der Psychologe oder Therapeut arbeitet das Geschehene mit Hilfe der kognitiven Verhaltenstherapie oder der Gesprächstherapie auf, spiegelt dem Patienten dabei alle entstandenen Gefühlswelten, um Schritt für Schritt neue Ziele zu formulieren.
Ein Typ wie Bolle sacht aber einfach:
„Jut, is halt passiert. Schitt wat drupp"
Psychologisch übersetzt bedeutet dieser Satz:
Gut! Das Geschehene können wir nicht verändern und auch Kommendes können wir nicht beeinflussen, mit dieser Tatsache und mit all den dazugehörigen Enttäuschungen leben wir, wir akzeptieren all die Gefühle, die dabei entstehen, aber wir lassen uns davon nicht beherrschen, wir geben uns unserem „Schwarzdenken" nicht hin. Jetzt tun wir etwas, damit es uns besser geht. Wir sind aktiv an unserer Stimmungsänderung beteiligt. Wir tun uns wieder etwas Gutes, wir planen wieder schöne Aktivitäten, wir sehen uns wieder selbst.
Was passiert ist, ist passiert.
„Schitt wat drupp!", der Typus A braucht nur diesen einen Satz für die ganze Psychoanalyse! Dieser Typ ist generell für schnelle Übersetzungen von komplizierten, psychologischen Fachstudien geeignet. Ich könnte ihm ohne weiteres ein Fachbuch eines hochgelobten „Doktor von und zu Psychologen" vorlegen und der Typus A könnte die fachchinesischen Modellansätze in einfache niederrheinische Floskeln auf den Punkt bringen! Zwei Beispiele:
Im Fachbuch steht:
Die narzisstisch geprägte Persönlichkeit hat in der Teststudie ohne die gruppendynamischen Arbeitsbedingungen, auf die von dem Versuchsleiter provozierten Kränkungen wesentlich besser reagiert und die Kränkung ohne Rückfall-Symptome verarbeitet.
Typ A sagt nur:

„Ohne Stress jeht et mir besser!“
Im Fachbuch steht:
Die Patientin zeigte in der manisch-depressiven Phase eine verbesserte Wahrnehmung und einen besseren Bezug zur Realität, wodurch sie aus ihren antriebslosen Phasen gelernt hat und sie für kommende depressive Episoden einen Strukturplan mit positiven Tätigkeiten erstellt hat.
Typ A sagt nur:
„Wat mich nicht umbringt, macht mich stärker!“

Ein anderes oft erlebtes Thema: Zweifel und Entscheidungen treffen.
Frau Bergmann aus Kleve lebt in Scheidung. Die Trennung ist leider komplett unsauber und mit extremen Kränkungen auf beiden Seiten verlaufen. Die Folge:
Depression nach Trennung.
Frau Bergmann durchlebte die klassischen Phasen der Trennung, die ich selbst aus eigener Erfahrung so beschreiben würde:

Einschub Psychologie: Trennungsschmerz

- Du stehst unter Schock! Ich realisiere die Situation nicht und ich kann meinen Zustand nicht realisieren.
- Das Verleugnen der Trennung. Du lebst deine Beziehung einseitig weiter und hoffst im Innern noch auf Versöhnung
- Zorn und Wut, das Aufbrechen von Gefühlen führt zu Aggressivität und Verlust von Selbstwert, ich mache mir Schuldgefühle.
- Schulterschluss mit dem Ex-Partner. Du versuchst zu überlegen, wie du ihn zurück gewinnen kannst, auch wenn er dir die Schuld an der Trennung gibt.
- Depression, die Trauer keimt auf. Schmerz macht sich breit oder Gefühl von Leere.
-Ich akzeptiere in dieser Phase die Trennung und verabschiede mich von meinem Ex-Partner
- Der Blick nach vorn. Ich gehe wieder auf die Piste!

Frau Bergmann hatte diese Phasen mit all ihren Facetten und Rückschlägen durchlebt. Nach einem Tagesklinik-Aufenthalt in Norddeutschland und einer einjährigen ambulanten Gesprächstherapie

wagt sie einen Neuanfang. Endlich kann Frau Bergmann wieder offen auf Menschen zugehen und sich der Welt mit ihren Gefühlen öffnen. Sie möchte von Kleve weg nach Köln ziehen, um einen privaten und beruflichen Neuanfang zu wagen. Dieser Schritt hat Vor- und Nachteile. Sie würde zum einen ihren jetzigen Freundeskreis zurücklassen, zum anderen würde sie aber in Köln neue Menschen treffen. Der Sohn könnte in Kleve zudem weiter zur Schule gehen und er müsste sich in Köln nicht einleben, zusätzlich würde auf Frau Bergmann in Köln eine bessere berufliche Perspektive warten.
Eine Zwickmühle! Wie soll ich da eine gute Entscheidung treffen? Das Grübeln und Kopfkino beginnt, gefolgt von schlaflosen Nächten.
Frau Bergmann hindert ihr starker Selbstzweifel an einer klaren Entscheidungsfindung, doch nach stundenlanger Diskussion mit ihrem Therapeuten rückt der Zeitpunkt der Entscheidung näher.
Doch wie soll sie sich entscheiden? Nach dem Bauchgefühl oder nach rationaler Abwägung, wie sie es in der Therapie bereits schriftlich formuliert hat?
Sie hat sich zu ihrer Unterstützung und besseren Entscheidungsfindung spontan mit ihrem Kumpel Harry in einem Café in Kevelaer getroffen.
Harry hört sich die Trennungsgeschichte seiner Freundin nun etwa zum 100. Mal an und nach einer Stunde Frustquasseln fragt Frau Bergmann nun auch endlich direkt hinaus:
„Und Harry, meinze nich in Köln geht et mir besser?“
Harry schweigt einen Moment.
Der Therapeut würde eventuell an dieser Stelle über Faktoren oder Hindernisse sprechen, die ein Kölner Leben erschweren oder befürworten. Er würde in therapeutischer Aufarbeitung alle Eventualitäten für Frau Bergmann realitätsnah sichtbar machen.
Harry tut das auf seine Weise mit einem kleinen Satz:
„Dat kann, muss aber nich.“
Während du dich jetzt vielleicht fragst: Warum hilft diese Antwort Frau Bergmann weiter? versteht Frau Bergmann Harrys Antwort sehr wohl. Denn als gebürtige Niederrheinerin ist sie in der Dialogführung mit dem Typus A geschult.
„Was ist denn, wenn ich in Köln keinen Anschluss finde oder meine berufliche Qualifizierung einfach nicht ausreicht, um dort einen Job zu bekommen? Dann steh ich allein da, aber warum soll ich mich von all

dem entmutigen lassen und nicht mal einen neuen Weg beschreiten. Ich würde gern nach Köln!"
Harry schweigt einen Moment und antwortet dann überlegt:
„Sicher kannze dat machen. Kannze aber auch sein lassen."
Das ist Harrys Art, zum einen Zustimmung und Verständnis zu geben, er tut das mit dem Satz „Sicher, kannze dat machen", aber auch die Eventualitäten zu beachten, um gegebenenfalls auch eine andere Entscheidung offenzuhalten oder andere Entscheidungen nicht vorab auszuschließen. „Kannze aber auch sein lassen.", heißt also übersetzt, „Bitte handel bedacht und nicht überstürzt. Du *darfst dir* Zeit lassen!"
Harrys Satz bringt Frau Bergmann in ihrer Entscheidungsfindung enorm voran und sie folgt ihrem Bauchgefühl und zieht zwar nicht nach Köln, aber zu Harry nach Moers!
Der Typus A hat auch den wohl am weit verbreitetsten Satz überhaupt entwickelt:
„Da machste nix dran" oder auch gern nur: „Da machste nix".
Dieser Satz wird bereits von allen niederrheinischen Typ-Kategorien universell verwendet, mehr noch, auch in anderen Teilen Deutschlands hat er sich bereits durchgesetzt.
Er findet besonders Verwendung, wenn zwei Niederrheiner sich auf dem Markt oder der Straße treffen.
„Mensch Hanne, hasse dat vom Rotknecht Gerd gehört. Weiße doch, der Bruder vom Becker Wolters, hier, der mit de Margot angebandelt hat, die hier von Willingen rüber jezogen is, weil die ihren Alten leid war. Weiße doch noch, wat dat fürn Knatsch gab mit dem Wolters, weil der doch so katholisch is. Wat gab dat nen Zank und wer sich da alles eingemischt hat… ich hab mich ja versucht da immer raus zuhalten, nur einmal hab ich wat dazu gesagt. Margot, sach ich, da machste nix dran. Wenn de den nich mehr liebst, dann liebste den einfach nich mehr. "Nee da machste nix dran, da hasse recht Gundi", sacht die Margot da noch für mich… Aber um jetz noch ma auf den Rotknecht Gerd sprechen zu kommen, der is fast über die Wupper gegangen*."
„A wat, schrecklich!"
„Ja, nach Fahrradsturz hat der Kopp sich beide Handgelenke und eine Elle gebrochen. Dat hälste nich für möglich, wie schnell dat auf einmal ging. Letzte Woche Freitag is der vom Altherren-Kegeln drüben von de anderen Rheinseite, weiße Hanne, da in Dingenskirchen da, sach ma, …da von

Wanheimerort in Duisburg, mit dem Fahrrad über die Rheinbrücke wieder rüber jefahren. Weiße, die waren in der Gastschenke vom Schiller Hubert, weiße doch noch, da wo die Irma sich den Magenvirus eingefangen hat, hier beim Muschelessen mit den Grünen Damen. Bierkastille oder so hieß dat doch. Aber um jetz noch mal auf den Rotknecht Gerd sprechen zu kommen… der Kopp muss wohl voll wie en Pisspott gewesen sein, und peng, da lag er auf de Rheinbrücke und hat sich über den Lenker geschlagen."
„Schrecklich!"
„Da sachste wat. Und stell dir vor! Dann is der Kopp vonne Rheinbrücke aus nach Huis, weiße doch, da nach Friemersheim, gelaufen. Und er hat sich dann einfach so unten ins Wohnzimmer auf die Couch jelecht. Morgens wacht die Lisa auf, kennze doch, dat is seine Frau, und sie kriegt den Schreck ihres Lebens. Da liecht der Rotknecht Gerd mit blutigen Knien und gebrochenen Handgelenken auf der Couch und er macht keinen Mucks. Da hat die arme Lisa erst mal geschrien und an dem Gerd gerüttelt, ob der noch en Mucks von sich gibt oder nicht! Und da is der wach geworden und hat dösig gefragt:"Wat is denn los? Warum machste denn so'n Terz?". Der Arzt muss wohl auch hinterher jesacht haben, „Junge, Junge! Selten kommen großes Glück und Verstand beisammen!". Da sacht der Gerd, „Wat soll dat denn heißen?". Die Lisa sagt, dat hat der Kopp bis heute nicht kapiert, wat der Hausarzt damit meinte! Ich weiß dat jetzt alles vom Kabinski Bernd, weiße doch, der is doch Krankenpfleger im Johanniter. Der hat wohl jesagt, datt der auch enorm Glück gehabt hat, der Gerd hätt ja auch innerlich verbluten können, wenn so ne Rippe zum Beispiel inne Milz gesprungen wäre. Die Lisa nimmt ja, hier, diese Baldrian Pillekes von Aldi, da weiße, zum Pennen. Da schläfste wohl wie so'n Bär durch. Ich mein, ich nehm se nich, de Pillekes, aber von vielen Leuten hört man dat ja! Und wenn der Gerd da innerlich verblutet wäre, nur weil die Lisa da am Schloopen, die wär ja ihr Leben nich mehr froh geworden! Aber siehsse Mal, wie schnell dat geht, eben noch beim Kegeln, plötzlich stehste fast vorm liewen Jott."
„Da machste nix dran!"
„Nee… da machste auch nix dran".
Dieser nachhaltige Satz wird, vornehmlich von Typ A, in fast allen Lebenslagen verwendet, entweder als Beileidsbekundung oder als Ausdruck von Mitgefühl. Auch wenn etwas absolut Endliches

vonstattengeht, etwas, was weder zu verhinde noch umzukehren ist, wird mit einem flapsigen „da machste nix dran“ hingenommen. Ob es nur ein verkratztes Auto ist oder die traurige Diagnose einer ernsthaften Krankheit, die Floskel „da machste nix dran“,
geht für alles durch!

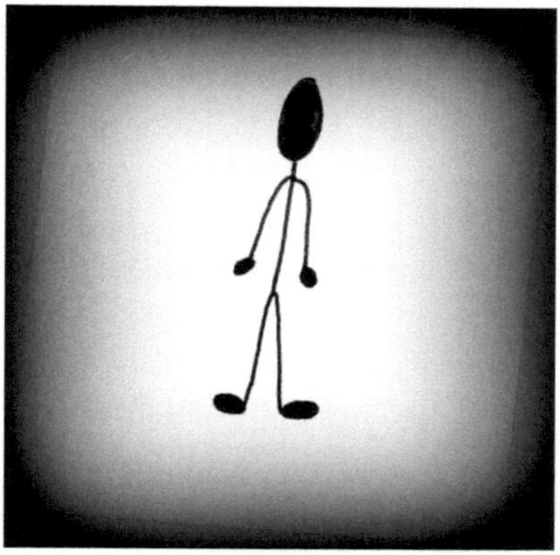

Der Typ A

Er ist hager, unauffällig, das Chamäleon, schweigsam, denkt nach, bevor er nichts sagt!

Er drückt Freude aus, indem er Hawaiihemd oder bunte Klamotten trägt!

Extra-Tipp: Entscheidungen treffen und Probleme lösen

1. Gehe das Problem systematisch an, damit du eine Entscheidung ausgewogener treffen kannst. Die Psychologie bietet hierzu eine Reihe von Modellen oder Selbstcoachingmodelle an. Ich biete dir an dieser Stelle eine kreative Variante an, die ich selbst entwickelt habe:
Du erstellst aus grünem, weißem und rotem Kartonpapier kleine Plakate und ordnest diese vor dir auf dem Boden an. Ganz links liegen die roten, in der Mitte die weißen, und rechts die grünen Plakate. Nun stoppe das Grübeln einfach mal für einen Augenblick und hinterfrage dich genau, was das Kernproblem für dich ist. Versuche eine klare Aussage zu treffen und schreibe sie auf das rote Plakat, welches links liegt. Beispiel:
Ich bin unzufrieden in meiner Beziehung; ich fühle mich einsam; meine Arbeit macht mich fertig usw..
Wichtig ist: Du solltest mit dem nötigen Realismus an Tatsachen gehen

und dich mit bestimmten Gegebenheiten abfinden:
„Das ist jetzt so und lässt sich kurzfristig nicht ändern!
Ich arrangiere mich damit und versuche alles meine Situation zum besseren zu führen!“
Kommen wir wieder zum Problem zurück. Ein Problem lässt uns häufig wie einen Ochs vorm Berg erscheinen, denn eine Problemstellung wirkt anfangs oft unlösbar, eben wie ein riesiger Berg. Du musst den Berg also kleinschrittig abtragen, sonst kannst du ihn nicht ohne Weiteres erklimmen. Dir helfen dabei folgende Fragestellungen, um ein Problem anzugehen:

- Kann ich das Problem direkt am Auslöser des Übels packen und verändern?

--> Wenn ich unter Druck bin, rauche ich mehr! Also lerne ich mit Druck besser umzugehen und nicht weniger zu Rauchen in Stresssituationen!

- Kann ich die Auswirkungen eines Problems beheben?

Ich höre tatsächlich auf zu Rauchen!

- Kannst du dein Umfeld verändern, damit sich dein Problem löst?

--> Mein Partner akzeptiert mein Rauchen, sodass es für mich und ihn kein Problem mehr darstellt!

- Kann ich meine innere Einstellung zum Problem verändern und löse es dadurch in meinem Kopf?

--> Ich akzeptiere, dass Rauchen eine Schwäche von mir ist. Es ist zwar nicht gesund, aber es hilft mir, schweren Situationen entgegenzutreten!

Mit welcher Einstellung du an das Problem heran gehst, bleibt dir überlassen.
Schreibe nun auf das grüne Plakat alle positiven Eigenschaften von dir, Fähigkeiten und Umstände, die eine Lösung vergünstigen könnten und lege das Grüne neben das rote Plakat, also neben das Kernproblem.
Leider gibt es bei jedem Problem auch ein „Aber“. Deshalb schreibst du jetzt alle Schwächen sowie negative Umstände von dir auf das weiße und positionierst es neben das grüne Plakat. Nimm dir nun ein weißes Blatt und erarbeite dir folgende Hilfestellungen aus deinen Plakaten, die du nun klar vor dir liegen siehst:

- Wie kann ich alle Dinge auf dem grünem Plakat verstärken, also durch welche klaren Tätigkeiten oder Umstände, Personen etc. können meine Stärken verbessert werden und bringen mich einer

Lösung näher? Schreibe alles auf, was dir helfen könnte!

- Wie kann ich das rote Plakat, also meine Schwachpunkte, durch klar, definierte Tätigkeiten, Umstände und Personen etc. abschwächen?

Beispiel: Wenn ich abnehmen möchte, aber ich statt zu joggen auf der Couch liegenbleibe, dann sollte ich mich zum Laufen abholen lassen oder in einen Verein gehen oder Sportarten wählen, die mir Freude bereiten, denn wie ich mich bewege, ist egal, doch die Lösung des Problems liegt in Bewegung!

- Während du die ersten beiden Punkte bearbeitest, fallen dir garantiert neue Stärken und Tätigkeiten ein, die sich positiv auf eine Lösung des Problems auswirken. Schreibe sie direkt auf das grüne Plakat hinzu!

Du siehst nun am Ende alle positiven Lösungsansätze als reale Tätigkeiten vor dir stehen und du erkennst, wie du Hindernisse abschwächen kannst! Jetzt fällt es dir bestimmt leichter, den Berg zu erklimmen und du kannst Pläne schmieden, wann, wo und wie du nun das grüne Plakat für dich nutzen kannst. Ein Problem ist damit nicht immer gelöst, aber diese Methode hilft, sich klarer zu sehen und vor allem, Lösungsansätze zu entdecken und zu entwickeln.

Extra-Tipp: Entscheidungen treffen!

Ich möchte dir hier auch wieder einen kreativen Ansatz von mir zur Entscheidungsfindung bieten, die ich in der Ergotherapie anwende: Du kannst mit einer vertrauten Person einmal sogenannte Gedankenkärtchen mit Bunt- oder Filzstiften erstellen. Du schneidest dazu aus Papier einfach ein paar viereckige Kärtchen aus und du schreibst auf die Vorderseite jeweils Fragestellungen auf, die dir zu deinem Problem einfallen. Beispiele:

„Was genau schiebe ich immer wieder hinaus? Warum zögere ich bei Problemen?“

„Wenn ich absolut frei wäre und unabhängig von Geld oder Beziehungsgeflechten, was würde ich dann tun? Was sind meine

Träume?". „Was würde eigentlich XY in dieser Situation tun? Er ist immer so stark!"
„Was war eigentlich meine letzte Entscheidung? Und was habe ich dabei gut gemacht oder wovon habe ich dabei profitiert? "
„Was könnte positiv an meiner Entscheidung sein?"
„Was hindert mich moralisch und sachlich daran, eine Entscheidung so zu treffen, wie ich sie gerne treffen würde?"
„Erinnere dich an schwierige Entscheidungen in deinem Leben. Wie hast du dieses damals bewältigt und wie hast du sie empfunden?"
„Was heißt eigentlich Veränderung? Lohnt sich eine Veränderung für mich? "
„Was passiert eigentlich, wenn ich einfach alles so lasse, wie es jetzt ist? Fühle ich mich dann besser? Geht es mir dann besser? Was könnte mir Gutes wiederfahren, wenn ich eine Entscheidung treffe?"
Du schreibst nun die Antworten der Fragen auf die Rückseite der Karte, indem du die Antworten zusammen mit deiner vertrauten Person erarbeitest. Schreibe alle neuen Fragestellungen, die dir bei der Bearbeitung in den Sinn kommen, ebenfalls auf ein Kärtchen, um die Frage später auch zu beantworten.
Mit dieser Methode ordnest du dein Problem und stoppst ständiges Abwägen von Faktoren und Fragestellungen, die dich bei einer Entscheidung blockieren!
An dieser Stelle möchte ich Ihnen Wolle vorstellen. Wolle gehört eher dem Typus A an, und zwar der Sorte still und unauffällig.
Er ist seit Jahren ein stetiger Wegbegleiter auf meinen Reisen und auf dem Weg durch dick und dünn. Wolle ist aufgewachsen nahe Trompet. Von der Gaststätte Schäfchen gelegen hinter der Bahnschiene Richtung Moers. Also ganz in der Nähe des Ortes, in dem ich selbst groß geworden bin, dem kleinen Oestrum, welches von der Gaststätte Schäfchen gelegen vor der Bahnschiene Richtung Duisburg liegt.
Wolle zeichnet sich dadurch aus, dass er Probleme oder Situationen präzise analysiert.
Er schafft es bravourös, den verstricktesten Umstand mit einer kurzen und prägnanten Aussage auf den Punkt zu bringen. Durch Wolles spitzfindige Analysen hat man nie das Gefühl, wirklich unter Druck oder Stress zu stehen. Man könnte auch sagen, durch die verkürzte und vereinfachte Darstellung eines Problems schafft es Wolle, komplizierte Umstände

niederrheinisch unkompliziert zu machen.
Als Beispiel niederrheinischer Unkompliziertheit im Folgenden einige Formeln, wie man komplizierte Sachverhalte niederrheinisch entschärft und noch einige Ausdrücke, die häufig in dieser Region Verwendung finden:

„Da machste nix dran"

„Sowat mach ich nich mit, in dem Sack hasse aber Krinten!"

„Wat nen Driet. Früher war eh alles besser."

„Dat ganze is mir zu surreal. Da halt ich mich raus, außerdem, so schnell schießen die Preußen nicht!"

„Wat soll et, der geht ja eh bald über die Wupper."

„Schitt wat drupp, morgen dreht die Sonn auch noch ihren Kreis."

„So'ne Gürtelrose is schon schlimm! Wirklich schlimm! Aber et hät noch schlimmer kommen können, ne Schädelfraktur zum Beispiel!"

„Sicher, man könnte dat in Erwägung ziehen. Für und Wider gegeneinander aufwiegen, aber ich sach jetzt mal, man kann dat machen, man kann dat aber auch einfach sein lassen."

„Mach ma jetzt keine Fisimatenten, bei so'ne Lappalie."

„Nur kein Stress, der Maurer muss auch immer warten, bis der Putz trocken is!"

„Kann man doch mal machen. Nur weil mir tausend Köppe entgegen kommen, dreh ich mich doch jetzt nich einfach um und lauf in die andere Richtung!"

„Juuut, man muss ja jetz nich gleich wie Napoleon den großen Aufstand markieren."

„So weit, so jut."

„Wat soll ich mich für den verbiegen, der Flappmann schnallt dat doch nicht. Aus Mettwurst wird eben kein Marzipan."

„Wat ich nich kenn, dat kann ich auch nicht kriegen."

„Dat hätt mir auch en Esel mit längeren Ohren sagen können!"

Der Niederrheiner an sich kann mit Hilfe dieser Ausdrücke, die er absolut verinnerlicht, Stresssituationen entschärfen, indem er seine innere Einstellung so verändert, dass äußere Stressoren ihm wenig anhaben können.
Ärzte haben festgestellt, dass Niederrheiner unter Stress bis zu 5% weniger Stresshormone und Nebenhirnhormone als Adrenalin

ausschütten.
Die Verhaltenstherapie hat mit Hilfe von Studien am Objekt Niederrheiner wesentliche Therapieformen für die Veränderung von internem Stress entwickelt.
Dabei unterscheidet die Psychologie den externen Stress, der durch das direkte Umfeld entsteht von dem internen Stress, der zumeist durch die eigene subjektive Bewertung der Situation entsteht. Ein Beispiel:

Einschub Psychologie: Stress und Druck
Frau M. aus dem niederrheinischen Neukirchen Vluyn hatte, nach langem Hin und Her, ihren Job als Sekretärin bei einem Chefarzt angetreten.
Das Krankenhaus, in dem Frau M. arbeitete, verfügte über eine große Neurologische Abteilung mit Schwerpunkt Schlaganfall und Stroke Unit.
Frau M. arbeitete nun seit acht Jahren im innerlichen Betrieb, wobei mehrere interne Versetzungen zu Buche standen. Jedes Mal eckte sie mit ihrem jeweiligen Chef an, in diesen Fällen waren es jedes Mal Ärzte. Der guten Frau wurden regelmäßig schwere Fehler im sozialen Umgang mit Vorgesetzten vorgeworfen. Frau M. sei nicht teamfähig gewesen, geschweige denn, hätte sie sich unterordnen können. Frau M. sei nicht in der Lage gewesen, ihre Schwächen zu akzeptieren und sich den Gegebenheiten des Stellenprofils anzupassen. Nun folgte nach langjähriger Zusammenarbeit die Kündigung.
Wie ist das möglich? Frau M. Blickte auf acht Jahre Betriebszugehörigkeit und doch war sie dem Stellenprofil jedes Mal nicht gewachsen?
Was war geschehen?
Betrachtet man die Situation im Detail, wird klar, wie Frau M. sich in niederrheinischer Art all die Jahre durch den Job gewurstelt hat.
Frau M. ist Jahrgang 1955 und nicht mit der hiesigen Microsoft Welt und mit deren modernen Bürosoftware vertraut. Was sie aber gut beherrschte ist Englisch, dass sie noch heute fließend sprechen kann.
Nach ihren letzten Fehltritten wurde sie in das Büro von Dr. med. J. Steinfedel versetzt.
Dr. med. J. Steinfedel war ein engagierter Arzt und Facharzt für Neurologie und das innere Nervensystem.
Hr. Dr. med. J. Steinfedel galt als zuverlässiger Medizinstudent der Uni Düsseldorf und war auch sonst umgänglich und spontan. Nur ein oder zweimal, also fast nicht erwähnenswert, war er seinen Kommilitonen

unangenehm aufgefallen, als er nämlich nach einer Wodka-Studentenparty in dem Düsseldorfer Altstadtlokal „Dat Bloeme“ den Porsche 928 seines Vaters an die Wand eines Wohnhauses in Düsseldorf Bilk gesetzt hatte. Dominika, seine ungarische Lebensgefährtin und gleichzeitig Medizinkommilitonin, erwischte ihn das andere Mal im Bett mit Astrid, eine gebürtige Leipzigerin und Pflegekraft aus dem nahegelegenen Altenheim, und zwar in flagranti bei dem Versuch von Dr. med. J. Steinfedel, damals noch einfach Joachim, mit Astrid die Budapester Beinschere durchzuführen. Eine Sexstellung, die für ungeübte ungewohnt erscheint, aber für die Frau sehr stimulierend wirkt, da beide Körper ein X bilden. Das war auch der Grund, warum Dominika immer wieder hoffnungslos versucht hat, ihren Freund Joachim zu dieser Stellung zu bewegen. Ihn jetzt so zu sehen, war für die angehende Chirurgin eine tiefe Enttäuschung, worauf hin sie den auf der Straße parkenden neuen BMW 3er Coupé mit einer Haarnadel zerkratzte und dank High Heels Luftlöcher in sämtliche Türen stampfte. Sie konnte ja nicht ahnen, dass es sich um den Wagen von Joachims Vater handelte, eine Genugtuung war es trotzdem. Nach diesen Vorfällen wurde aus Joachim ein hervorragender Arzt und Neurologe und der Vorgesetzte von Frau M. Zwischen Frau M. und Hr. Dr. med. J. Steinfedel kam es leider immer wieder zu diversen Spannungen, wobei deren Höhepunkt in einem Fiasko endete. Frau M. hatte mehrfach Konvertierungsfehler in die übertragenen Memos von Dr. med. J. Steinfedel eingebaut.

Sie konnte sich nur mit Mühe selbst einige Kenntnisse für das Office PC Programm aneignen, die jedoch für zuverlässige Schreibkonvertierungen nicht ausreichten. Zwischen beiden folgte ein heftiger Wortwechsel, wobei sich beide unverstanden fühlten. Frau M. fehlte die Wertschätzung darin, dass sie sich selbst Kenntnisse zu dem Programm angeeignet hatte, während Hr. Dr. med. J. Steinfedel das Ergebnis der reinen Schreibarbeiten als nicht ausreichend bewertete und daher Frau M. als nicht geeignet für den Beruf als Sekretärin sah.

„Dann bezahlen Sie mir doch einfach einen PC Kurs, dann klappt dat ganze Jedöns auch hier.“ warf Frau M. auf. „Ich will mich ja gerne weiterbilden!“.

Darauf erwiderte Hr. Dr. med. J. Steinfedel doch recht erbost,

„Sie arbeiten hier seit acht Jahren und haben acht Schulungen absolviert. Warum soll ich Ihnen jetzt noch eine dazu bezahlen, wenn Sie immer noch nicht das notwendige Standardwissen ihrer Berufssparte erreicht haben? Ich habe ein Jahr in Frankreich im Ausland praktiziert und ich konnte kein Wort Französisch. Da hab ich auch keinen Kursus belegt, nein, da hab ich mir ein Buch gekauft und Tag und Nacht mit Fleiß gelernt, bis ich fließend Französisch konnte. Mit dem nötigen Ehrgeiz geht so etwas. Ich habe auch alles, was Office und Excel angeht, aus dem Buch „Office lernen für Dummys“ zusammen suchen müssen, da hat mich auch niemand an die Hand genommen und zu einem Kurs geschleppt. Also sehen Sie zu, dass Sie die Konvertierung in den Griff kriegen.“ Und Hr. Dr. med. J. Steinfedel verschwand wutentbrannt in die nächste Besprechung.

In der Psychologie wird oft der Begriff „Botschaft“ verwendet. Speziell in diesem Konflikt findet man eine Reihe an Botschaften, die vom Empfänger als feindselig und abwertend zu deuten sind.

In jedem Fall saß Frau M. nun mit ihrem Problem allein am Schreibtisch.

Man könnte aus eigener Erfahrung jetzt schlussfolgern, dass Frau M., nun noch vom Konflikt und Auftrittes des Chefs zitternd, mit Gedankenkreisen und Grübeln begonnen hätte.

Aber nein, weil der Niederrheiner ja Weltmeister darin ist, den aufgebauten Druck durch seine verquirlte Denkweise geradezu selbständig abzubauen, fängt er gar nicht erst an zu grübeln oder Stress wer weiß wie auseinanderzunehmen. Frau M. könnte sich als Mobbingopfer den externen Stressoren, also Joachim, geschlagen geben, aber sie griff stattdessen zum Telefonhörer und ließ sich während der Besprechung zu ihrem Chef durchstellen.

„Hallo Hr. Dr. med. J. Steinfedel. Ich störe Ihre wichtige Besprechung ungern, aber ich wollte nochmal kurz, eben, 'ne Minute auf die Konvertierungssache zurückkommen. Ich wollte Sie nämlich fragen, ob Sie mir nachher ihr Buch „Office lernen für Dummys“ ausleihen könnten, weil ich meinen Berufsstandard erreichen möchte. Könnten Sie mir das netterweise gleich ins Büro reinreichen?“

Die darauffolgenden Szenen und Reaktionen möchte ich euch ersparen. Jeder Mensch, der mal im Büro Mobbingszenen und Konfliktsituationen erlebt hat, wird wissen, wie Joachim explodiert ist. Das Ergebnis war wiederum überraschend, denn einen Monat später kam Hr. Dr. med. J. Steinfedel mit einem Burnout in ambulante Behandlung und ließ seinen Beruf für ein halbes Jahr ruhen, während Frau M. in die Abteilung für

Anästhesie versetzt wurde. Die Leitung unterlag Dr. Katja van der Oop, einer quirlige Holländerin, die Frau M. sofort in ihr Herz schloss. Beide Frauen gehen noch heute jeden dritten Freitag mit der gesamten Abteilung in die Krefelder Kneipe „Beim armen Jupp“ zum Kegeln. Eine erstaunliche Entwicklung zweier beruflicher Lebenswege.

Durch seine störrische Ruhe kann man mit dem Typus A auch wunderbar in den Urlaub fahren, vor allem, wenn man mit dem Auto unterwegs ist. Böse Zungen sollen sich schon einmal gewünscht haben, dass die eigene Frau ein Typus A wäre, aber da sie es nicht ist, wurden die 17 Stunden Fahrtzeit im VW Polo nach Korsika zu einem reinem Geduldsspiel und zur Überprüfung des Ehegelöbnis!

Wolle, vorhin bereits vorgestellt, und ich waren oft auf gemeinsamen Städtetouren und Lesungen in Deutschland und Europa unterwegs. Was das Reisen durch Europa betrifft, zeichnet sich Wolle immer als zielorientiert und spontan zugleich aus.

Er selbst finanzierte sich mit einer Abfindung bereits einen Traum und tourte ein halbes Jahr durch die Länder und schönsten Städte Europas, und das alles mit einem Amerikanischen Explorer mit Herd und Schlafbett inklusive. Horizonterweiterung statt Anlageberatung.

Sein Motto: Heute hier, morgen dort. Ein weltoffener Niederrheiner und idealer Reisepartner. So kam es oft vor, dass wir gemeinsam nach Krakau, Warschau, Budapest oder Danzig gefahren sind und in diesen zwölf Stunden Fahrtzeit maximal zehn Sätze wechselten, ohne die Stille als peinlich oder gar als langweilig zu empfinden. Ich habe es noch nie geschafft, während einer Autofahrt das komplette Genesis Album „The Lamb Lies Down on Broadway“ zu hören, ohne dass jemand dieses Werk mit einem Wort gestört hat oder mit einer Frage, wie:

„Sach mal, hast du eigentlich den kleinen Reiseföhn eingepackt? Ich glaube nicht, dass dieses Drei-Sterne-Hotel einen Föhn im Bad integriert hat, aber du bist ja zu knorrig 50 Euro mehr zu zahlen, dann hätten wir nur die Hälfte mitnehmen brauchen!“

Die Artikulationsform ohne lange Wortwechsel nennt man im Übrigen Niederrheinisch orientiert*. Diese Sprachform ist präzise und zielorientiert und lässt Sätze und Ausdrücke einfach aus wie „Schatz, ich wollt dir mal eben erzählen“, „Wir können doch kurz mal“, „Findest du nicht auch“, „Du solltest“ und „Warum hast du“.

Da Wolle und ich auf dem Weg nach Danzig mit dem neuesten Tom Tom Navigationsgerät ausgerüstet waren und wir quasi Richtung Osten blind geführt wurden, konnten wir wie immer nur das wirklich Wichtige diskutieren, besprechen und erläutern. Ich kann nur sagen, eine äußerst erholsame Fahrt.

Der Plan war die direkte Ankunft im „Hotel Novotel Gdansk Zentrum“, um dort am nächsten Tag eine kleine Lesung vor deutschen Touristen und Rentnern zu halten. Ein deutscher Reiseunternehmer aus Duisburg hatte uns dazu eingeladen.

Wir haben dann ganz nach Anleitung die „Pszenna 1, Danzig“ in das Wunderding Tom Tom eingetragen, welches diese Straße auch ordnungsgemäß erkannte. Der Start im schönen Oestrum auf den Weg in die weite Welt war also geglückt.

Tom Tom zeigte das Ergebnis der Fahrzeiterrechnung mit zehn Stunden und 20 Minuten an.

„Naa, Prost Mahlzeit“, dachte ich noch so vor mich hin, woraufhin ich erst mal beschloss, die nächsten zehn Stunden auf dem Beifahrersitz zu schlafen.

Wolle fuhr die Strecke sicher und souverän ab, natürlich entsprechend den Verkehrsstatuten mit genügend und ausreichend langen Pausen. Die Fahrt schien nicht enden zu wollen, aber wir kamen dann doch nach zehn Stunden im schönen Polen an. Als wir durch das Zentrum in Danzig fuhren, begannen wir urplötzlich einen Zickzack-Kurs durch große und kleine Straßenblöcke, und zwar souverän vom Tom Tom Wunderding angeleitet und tatsächlich kamen wir dann nach weiteren stressigen 50 Minuten an. Das Tom Tomchen sprach mit weiblichen Charme zu uns:

„Sie haben Ihr Ziel erreicht.“

Hatten wir das? Statt dem Novotel standen wir vor einer Kneipe, am Niederrhein wohl eher Kaschemme* genannt. Mit großen Lettern stand über dem Eingang: „Czarny magnetyczne“

Übersetzt heißt das so viel wie: „Der schwarze Magnet“

„Dat passt ja“, dachte ich noch so.

„Ich bin zehn Stunden gefahren, da gehst du jetzt rein und fragst nach dem Weg!“, bemerkte Wolle spitzfindig. Das Schwarze Magnet entpuppte sich als klassische, polnische Studentenkneipe mitten in Danzig, das Publikum war als solches jedoch bunt gemischt. Kleine Studentengrüppchen saßen an kleinen Holztischen mit Flaschenkerzen und sie tranken aus Alcopops und Wodka aus Wassergläsern. Auf dem Barhocker am Tresen saß ein geschätzter 70jähriger polnischer Opi mit Mütze, auf der Sticker von Großstädten aus ganz Europa aufgesteckt waren. In der Ecke stand ein graues Ecksofa, das die beste Zeit hinter sich hatte und von 70er Jahre Retro-Stehlampen aus Organza Stoff umrandet wurde, wobei ich mir nicht sicher bin, ob es sich bei diesen Exemplaren nicht um das Original gehandelt hat.

Jeder meiner Schritte knarrte unter dem dunkelbraunen Holzboden und das polnische Gequassel wurde unterbrochen. Ich eilte mit schnellen Schritten zum großen Holztresen, auf dem ein 17 Zoll Röhrenfernseher ein schwarzweißes Kaminfeuer zeigte, das ohne Knisterton vor sich hin brannte!

Ein circa zwei Meter großer Barkeeper kam zu mir geschlendert, er hielt dabei einen Putzlappen in der Hand sowie zwei kleine Wassergläser.

Ich überblickte die herzliche Szenerie mit einem Schmunzeln und ich fing an, in verblassten Erinnerungen zu schwelgen.

Dieser Barkeeper erinnerte mich stark an meinen Kumpel Derek William Dick, auch Fish genannt. Viele Musikliebhaber kennen ihn noch aus seiner Musik Zeit bei Marillion, auch Fish ist über zwei Meter groß und er läuft gerne mal auf der Bühne mit Gläsern durch die Gegend.

Ich erinnere mich noch, wie ich und mein Kumpel Jörg nach einem Konzert von Fish in einer Hotelbar in Melle saßen. Die improvisierte Fete war nach einem Konzert bei Osnabrück und wir haben den ganzen Geschäftsleuten mit Schlips und Kragen eine schlaflose Nacht beschert, aber keiner der Gäste hatte sich letztendlich beschwert und eine Gruppe von Schotten spielte das komplette „Misplaced Childhood Album“ inklusive dreimal „Kayleigh“ auf der Akustikgitarre. Ein Typ wie Rumpelstilzchen tanzte dazu mit Schottenkilt und Rastalocken auf der Theke, während die Schotten den Leuten mitgebrachten Scotch eingossen. Ein groß gewachsener Glatzkopf nahm mich in den Arm, wobei ich bei seinen zwei Metern Körpergröße wie ein Jugendlicher neben ihm aussah, und er sprach Sinngemäß im gebrochenen Deutsch folgendes zu mir:

„Steffen. Heute ist eine gute Nacht. Wir sollten diese Nacht niemals vergessen, denn das Heute wird, gerade jetzt in diesem schönen Moment, zu einer verblassten Erinnerung.

Und das, was morgen sein wird, wandelt sich rasend schnell zum Heute. Es wird zu einer verblassten Erinnerung. Also Steffen, lass uns auf diesen

Moment trinken, bevor diese Nacht in unserem Köpfen verblasst als altes, vergilbtes Foto oder ein lange nicht gespieltes Lied, das in einem Schrank verstaubt. Slàinte Steffen!“
Jörg und ich hatten am nächsten Morgen natürlich einen Kater und Kopfschmerzen, deshalb schlenderten wir erst mal zum Frühstücksbuffet. Die schottische Truppe hatte für die Abreise noch eine eiserne Regel, nämlich: Wer am Vorabend der Abreise den größten Durst hatte, also wer am meisten gesoffen hatte, derjenige durfte auch alleine das gesamte Gepäck in den Kleinbus verstauen. Für den hiesigen Partykönig bedeutete es, dass er zwei Stunden früher als die anderen aufstehen musste. Jamaika Rumpelstilzchen war in diesem Fall der Partykönig und wir konnten im nebligen Morgengrauen beobachten, wie eine märchenhafte Gestalt im Kilt, leicht schwankend, diverse Utensilien in einen Kleinbus lud.
„Halo. Du kommen aus Niemcy? Deutsch?“, entgegnete mir der Barkeeper im Danziger „Schwarzen Magnet“.
Es fiel mir auf, dass sein rechter Schneidezahn fehlte.
„Ja, sieht man dat? Wegen der Kartoffelnase wa?“
„Wie ist Name? Ich bin Jòsef. Alle sagen nur Jò.“
„Ich bin Steffen. Kann man aber nicht abkürzen!“
„Gut Steffen. Wir trinken zusammen auf Polen und auf Danzig“, und er stellte die kleinen Wassergläser vor uns auf die Theke.
„Heißt Danzig Spezial. Gut schmecken.“, und er kippte gleichzeitig klaren Wodka bis zur Hälfte des Wasserglases ein. Jò schüttete noch einen Likör mit dem Namen Goldwasser drüber, in dem kleine Goldblattflocken schwammen und als Verfeinerung goss er noch einen fruchtartigen Saft mit hinein. Den Abschluss krönte ein besonderes Highlight, denn Jò füllte den Rest des Glases mit braunem Tabasco auf und er hielt mir das Ganze freundlich entgegen.
„Na zdrowie, Steffen!“, und Jò haute sich ohne zu zögern den kompletten Inhalt durch seine Schneidezahnlücke rein.
Ich beobachtete Jò wie in Zeitlupe und sah, wie das Gesöff seine Kehle hinunterfloss.
Mein Magen drehte sich mir um. Ich hatte das Gefühl, als würde mich die ganze Kneipe anstarren und alles um mich herum wurde still, sogar die Nebengespräche endeten abrupt.
Jò blickte mich viel fragend an, und Kneifen konnte ich wohl nicht mehr.
Ich hielt die Luft an, während ich das Glas zu meinem Mund führte. Der

Tabasco erreichte schon meine Lippen, als ich noch in das Glas blickte und mir kleine goldene Blättchen ein edles Getränk vorgaukelten. Ich schluckte, begleitet von Ekel, das Zeug hinunter.
Es wurde dann alles schwarz. Ich spürte ein Brennen, dann kam es mir vor, als würde der Saft wieder versuchen, meine Speiseröhre hochzuklettern. Das Brennen und das Hochklettern wechselten sich sekündlich ab, gefolgt von einem hilflosen Schlucken meinerseits, um nicht willenlos vor den Tresen zu kotzen. Dann entschwand ich innerlich dem Kneipengastraum. Mein Geist entschwebte meinem Körper und es ging mir so ähnlich, wie viele Nahtodpatienten ihren Schwebezustand beschreiben. Ich sah mich noch von oben vor Jò am Tresen stehen, der mich mit seiner Schneidezahnlücke angrinste. Wolle hätte trocken gesagt, „Janz schön surreal, dat Ganze hier.“.
Meinen damaligen Zustand und was in meinem Kopf vorging, möchte ich euch mit einem kleinen, unförmlichen Gedicht umschreiben:

Das Gdansk Spezial Gedicht

Ein Hauch von Wind durchstreicht die bunte Weide
Er berührt die Blumen und er rauscht so fein
Zarte Farben und wollige Düfte sind still vereint
Die Blüte schimmert wie ein sanftes Blumenkleide
In der Mitte steht ein stolzes Edelweiß
Ich höre sie im Hintergrund
Die Vögel zwitschern munter drein
Sie singen mir ein Liedchen
Ich kann sie nicht sehen
Aber spüren
Denn auf meine Schulter klatscht
Gesprenkelt nasser Vogelscheiß

Es stört mich nicht
Ich streife weiter durch die Wiese
Meine Füße spüren weichen Grund
Feuchtes, grünes Gras umschließt den Fuß
In der Ferne unter blau-weißem Horizont
Steht und gafft eine Kuhuhu*

Und ich hebe die Hand zum Gruß

Mit einem Nicken befiehlt sie mich herbei
Meine Beine bewegen sich nicht
Doch ich fange an Richtung Horizont zu laufen
Die Kuhuhu wartet dort
Der Himmel färbt sich Pink
Über mich fliegt ein blauer Kranich hinweg
Sanfter Wind duftet nach Salbei
Komm setz dich Steffen
Und lass uns einen Saufen

Die Kuhuhu und ich sitzen am Lagerfeuer
Wir trinken Ron Miel und blicken in die Ferne
Ich bin Albella-Bavaria
Sagt die Kuhuhu
Aber hier nennen mich alle nur Alba
Ihr Fell glänzt bordeauxrot
Ein Glockenherz prangt um ihren Hals
Ein Überbleibsel aus der Gefangenschaft
Sagt die Kuhuhu
Vor langer Zeit
War dies für uns ein freies Land
Und wir Kuhuhus grasten bis zum Abendrot

Aber dann kam der Mensch
Sagt die Kuhuhu
Sie brachten die große Maschine
Und fremde Männer vereinten uns mit ihr
Gefühllos wurden unsere Euter angeschlossen
An kaltes Stahl gepresst
Für Milch und Gelatine

Eine Träne rollt aus braunem Auge

Die Herzlglocke zittert im Schmerz
Ihre blaue, große Zunge schießt hervor
Um sich Rotz von feuchter Nase zu lecken
Rotz aus Blut und Erniedrigung
Mit der Maschine verlor Alba ihren Stolz
Und so begann ihr Kampf
Um ein freies Herz

Ich hatte es satt
Sagt die Kuhuhu
Wir Kühe von heute
Sind die Steaks von morgen
Aber ich, Alba, durchbrach diesen Kreis
Ich durchbiss den Schlauch des Martyriums
Das weiße Gold floss in die Erde
Nutzlos für den Mensch
Und angetrieben von der Meute
Floh ich Richtung Horizont
An diesem Platz fand ich mich geborgen
Doch ich lebe ohne Herde
Ein Tribut der Freiheit
Für Gerechtigkeit und Gottesbeweis
Wenn der Fortschritt
Sagt die Kuhuhu
Weiter so fortschreitet
Wird der Mensch irgendwann
Ohne sich auskommen müssen
Sagt die Kuhuhu
Dann kehre ich, Alba, zurück zur Herde
Befreie meine Freunde und beende
Die Knechtschaft durch die Melkmaschinen
Und so, wie Gott mich geleitet
Führt Alba die Herde dahin
Wo alles begann
An diesen Ort der Freiheit

Aber dir, Steffen,

Sagt die Kuhuhu
Mache ich ein Friedensangebot
Denn Fleisch und Körper
Sagt die Kuhuhu
Können keine Wände durchqueren
Können keine Grenzen brechen
Dafür aber unser Herz und unsere Seelen
Unsere Gedanken und unser Wille
Drum rauchen wir, Alba mit Steffen
Gemeinsam dieses Dinkelbrot
Und wir zeigen, was Vergebung heißt
Mit diesem Zusammentreffen
Ändert sich die Welt

Es teilen Mensch und Tier
Das Friedensangebot
So sitzen Steffen und Alba
Unter dem Horizont der Welt
Bei lodernden Feuer im grauen Dunst
Und zelebrieren das Wir
Steffen
Sagt die Kuhuhu
Wenn ich nicht auf meinem Schwanz sitzen würde
Könntest Du sehen
Sagt die Kuhuhu
Wie ich mich freue

Im Gebüsch vor mir
Beobachtet uns ein kurzsichtiges Ozelot
Es sieht Alba und Steffen am Feuer sitzen
Marshmallows knistern in der Glut
Die Herzenglocke bimmelt mit dem Wind
Und das Ozelot fragt sich
Rauchen die Freaks da etwa Dinkelbrot?
Das Ozelot braucht eine Brille
Und mit jedem rauchenden Zug
Steigt bei mir die Hoffnung und der Wille

Endlich begreife ich
Der Weg zur Freiheit heißt
Mut

In diesem Augenblick schlug Jò mit der Hand auf den Tresen und unterbrach meine Vision von der Kuhuhu.
„Nix Träumen, Steffen. Ich weiß Danzig Spezial macht Träumen!“, und Jò grinste mich an.
„Fiese Möpp* Zeug!“, ätzte ich.
„Ja ich weiß, das Zeug ist gut!“, lächelte Jò.
„Eigentlich bin ich nicht zum Trinken hier, ehrlich gesagt, haben sich mein Kumpel und ich scheinbar verfahren. Wir wollten eigentlich zum Novotel im Zentrum, auf der Pszenna 1. Aber unser Navigationsgerät hat uns hier hin geführt.“
„Was ist für ein Gerät?“
„Tom Tom“, sagte ich noch.
„Immer alle Leute kommen zu meiner Bar, wenn fahren mit Tom Tom. Das ist lustig. Wir trinken dann immer Danzig Spezial. Jò schwört, das Jò niemanden kennt arbeiten bei Tom Tom. Das ist reiner Zufall.“, Jò lächelte mich verschmitzt an.
„Na, bei euch Polen weiß man nie!“, grinste ich.
„Ich geben dir ein besseren Tipp als Tom Tom. Du gibst Name von Seitenstraße Chmielna ein, und du laufen dann rechts um Ecke zu Hotel. Ganz leicht, versprochen!“
„Okay. Klingt gut! Was bekommst du für den Danzig Spezial!“, fragte ich.
„Das geht aufs Haus! Vielleicht wir sehen uns ja wieder, und du trinken dann mit Kumpel bei uns!“, lächelte Jò.
„Vielleicht!“, und ich winkte freundlich zum Abschied.
Zurück im Auto fragte mich Wolle nörgelnd:
„Wat hasse denn da so lange jemacht? Ich hab schon gedacht, du hast dich am Tresen eingehackt und den Urlaub eingeläutet. Ich wollte schon rein und gucken, wat los is!“.
„Et wäre auch fast so gekommen, vor allem, weil Jò der Wirt mir so eine Indianerbouillon serviert hat, der Drink war frei aufs Haus und das Zeug konnte ich deshalb nicht ausschlagen. Aber immerhin weiß ich jetzt, wo wir hin müssen. Gib mal Chmielna ein!“, erwiderte ich froh gestimmt.
So fuhren wir wieder in das Danziger Zentrum zurück, um drei bis vier

Ecken, über drei bis vier Querstraßen, durch drei bis vier Kreuzungen und an drei bis vier Straßen vorbei, deren Namen unlesbar waren, nur um dann wieder an der Westseite vor der Bar „Der Schwarze Magnet“ zu stehen mit dem Hinweis der weiblichen Tom Tom Sprecherin:
„Sie haben ihr Ziel erreicht!“
Wolle und ich schauten uns verdutzt in unsere zerknautschten Gesichter.
„Dat gib et doch nicht!“, schnauzte Wolle.
„Wollen die uns hier veräppeln oder wat?“.
„Damit habe ich aber jetzt auch nicht gerechnet!“, stimmte ich zu.
„Ich geh jetzt aber in die Bar rein, wer weiß, wat du bei deinem Orientierungssinn wieder gesacht hast! Ich weiß nämlich noch, wie wir zwei und Jörg auf Gran Canaria in 2.000 Meter Höhe, am höchsten Punkt der Insel, dem Pico de las Nieves, auf der Weggabelung standen. Unter unseren Hintern hatten wir nen alten Ford, der halb zusammenfiel, und et war bei 32 Grad Celsius knalle warm. Und ich sagte damals noch, wir müssen rechts Richtung San Bartolomè, um nach Maspalomas zu kommen. „Nee! Auf gar keinen Fall“, hast du da gesacht. „Doch“, hab ich da noch gesacht, „dat is der direkte Weg. Alles andere is Quatsch, und ich hab keinen Bock hier mit dem Fiat zu verrecken.“.
„Nach Bartolomè zu fahren is der einzige Quatsch“, hast du da noch gequäkt.
Und der Jörg hat von hinten noch gerufen, „ich glaub aber auch, datt der Wolle recht hat! Rechts nach Bartolomè is richtig, mein ich auch.“
Da hast du noch geschrien, „ich glaub ich steh im Busch, ich fahr hier seit 20 Jahren hin, ich werd doch wohl noch wissen, datt wir nach links Richtung Telde fahren müssen, um nach Maspalomas zu kommen.“.
Und wat is, wir sind dann links Richtung Telde gefahren. Alles nur, weil der Hörr "von und zu" gesacht hat, ich bin 20 Jahre nach links gefahren. Wir sind dann direkt ins Hinterland gelangt, um uns bei dichtem Kiefernwald mitten im militärischen Sperrgebiet zu verfahren und nur um uns bei einer Schießübung des Militärs fast den Arsch weg schießen zu lassen. Ich weiß noch, datt alle 20 Meter ein Schild hing: „Precaution! Zona Militar! Maniobra! Peligro de muerte!“. „Vorsicht! Militärzone! Manöver! Lebensgefahr!“. Rechts hasse noch die vermummten Typen mit ihren Gewehren liegen sehen und et hat um uns herum geknallt wie sonst wat! Und Steffen! Ich erinnere mich auch noch daran, als uns die Soldaten entdeckt haben, wie die vom Militär sauer waren und uns auf Spanisch

angebrüllt haben, als wenn ein Weltkrieg ausgebrochen wäre und du die dann noch glatt gefragt hast, „geht et hier nicht nach Maspalomas oder wat?"".
„Ja Wolle, ich hab die Situation vor Augen. Ihr habt die ganze Rückfahrt nicht mit mir gesprochen!".
„Genau. Und als sich die Soldaten beruhigt hatten, sagte einer von denen zu uns auf Deutsch:
„Seid ihr plemplem? Denn nach Maspalomas geht es Richtung Bartolomè! Da müsst ihr vorne nach rechts fahren, entiende usted? Rechts. Und nicht nach links!"", und Wolle stieg energisch aus dem Wagen. Ich sparte mir einen Kommentar aus.
Wolle betrat die Kneipe, er blieb stehen und blickte sich um. Jò stand mit zwei leeren Gläsern hinter dem Tresen und er winkte Wolle zu sich.
„Halo. Du kommen aus Niemcy? Deutsch?", entgegnete er.
Wolle fiel auf, dass sein rechter Schneidezahn fehlte.
„Ja. Sieht man dat? Wegen meiner Kartoffelnase, wa?"
„Wie ist Name? Ich bin Jòsef. Alle sagen nur Jò."
„Ich bin Wolfgang. Am Niederrhein sacht man aber Wolle."
„Gut Wolle. Wir trinken zusammen auf Polen und auf Danzig", und er stellte die kleinen Wassergläser vor die beiden auf die Theke.
„Heißt Danzig Spezial. Gut schmecken.", und er kippte gleichzeitig klaren Wodka bis zur Hälfte des Wasserglases ein. Jò schüttete noch einen Likör mit dem Namen Goldwasser drüber, in dem kleine Goldblattflocken schwammen und als Verfeinerung goss er noch einen fruchtartigen Saft mit hinein. Den Abschluss krönte ein besonderes Highlight, denn Jò füllte den Rest des Glases mit braunem Tabasco auf und er hielt Wolle das Ganze freundlich entgegen.
„Na zdrowie, Wolle!", und Jò haute sich, ohne zu zögern, den kompletten Inhalt durch seine Schneidezahnlücke rein.
Wolle beobachtete Jò wie in Zeitlupe und sah, wie das Gesöff seine Kehle hinunter floss.
Sein Magen drehte sich um. Wolle hatte das Gefühl, als würde ihn die ganze Kneipe anstarren und alles um ihn herum wurde still, sogar die Nebengespräche endeten abrupt. Jò blickte Wolle viel fragend an, und kneifen konnte er wohl nicht mehr. Er hielt die Luft an, während er das Glas zu seinem Mund führte. Der Tabasco erreichte schon seine Lippen, als er noch in das Glas blickte und ihm kleine goldene Blättchen ein edles

Getränk vorgaukelten. Er schluckte, begleitet von Ekel, das Zeug hinunter. Es wurde dann alles schwarz. Er spürte ein Brennen, dann kam es ihm vor, als würde der Saft wieder versuchen, seine Speiseröhre hochzuklettern. Das Brennen und das Hochklettern wechselten sich sekündlich ab, gefolgt von einem hilflosen Schlucken seinerseits, um nicht willenlos vor den Tresen zu kotzen. Dann entschwand er innerlich dem Kneipengastraum. Der Geist von Wolle entschwebte seinem Körper und es ging ihm so ähnlich, wie viele Nahtodpatienten ihren Schwebezustand beschreiben. Er sah sich noch von oben vor Jò am Tresen stehen, der ihn mit seiner Schneidezahnlücke angrinste. Wolle brachte noch einen letzten Satz heraus:

„Janz schön surreal, dat Ganze hier.“.

Urplötzlich saß Wolle an einem Lagerfeuer und eine bordeauxrote Kuhuhu hielt ihm eine Indianerfriedenspfeife hin.

Wolle konnte im Hintergrund noch die Gestalt eines Ozelots wahrnehmen, das mit verkniffenen Augen versuchte, die beiden Gestalten am Lagerfeuer zu erkennen:

Marshmallows knistern im Feuer
Der Himmel färbt sich pink
Über ihn fliegt ein blauer Kranich hinweg
Sanfter Wind duftet nach Salbei
Wolle, setze dich zu mir
Sagt die Kuhuhu
Und sie trinken Ron Miel und rauchen Dinkelbrot
Ich bin Albella-Bavaria
Sagt die Kuhuhu
Aber hier nennen mich alle nur Alba
Ein Glockenherz prangt um ihren Hals
Ein Überbleibsel aus der Gefangenschaft
Wir Kuhuhs waren einst ein freies Volk
Und lebten auf den Weiden dieser Erde
Sagt die Kuhuhu
Sie lebten friedlich und vollkommen eins
Mit den Lebewesen dieses Kontinents
Doch der Mensch kam und durchbrach
Dieses Band mit Gewalt

Und zwang uns Kuhuhus in die Knie
So entzweite sich gemeinsame Herde
Wir verloren uns in der Weite
Des göttlichen Fundaments

Aber wir fügten uns dem Schicksal
Und lebten fortan in einseitiger Symbiose
Sagt die Kuhuhu
Milch für den Mensch
Doch der Mensch gab Nichts
Er nahm uns nur
Was wir einmal liebten
Doch wir hören nicht auf zu hoffen
Denn Frieden mit Euch
Ist der Kuhuhs Wunsch

Darum frage ich dich, Wolle,
Würdest du dich ändern?
Sagt die Kuhuhu
Wenn die Vögel rückwärts fliegen würden
Wenn der Regen in den Himmel fällt
Der Fluss den Strom hinauf
Würdest du dann deinen Platz verlassen
Und dich ändern?

Darum Frage ich dich, Wolle,
Würdest du dich ändern?
Sagt die Kuhuhu
Wenn du statt Geld mit Liebe bezahlen kannst
Wenn Kriege am Schachbrett geführt
Und der Wind neue Hoffnung trägt
Würdest du dann deinen Platz verlassen
Und dich ändern?

Darum frage ich dich, Wolle,
Würdest du dich ändern?
Sagt die Kuhuhu

Wenn die Menschen plötzlich auf sich Rücksicht nehmen
Wenn Liebe durch dein gegenüber erwidert wird
Und sich alle auf Augenhöhe begegnen
Würdest du dann deinen Platz verlassen
Und dich ändern?
Würdest du helfen alles zu verändern?
Würdest du versuchen kein Rad in der Maschine zu sein
Und deine Stimme erheben
Mit Mut eine Aussage treffen
Wann würdest du dich ändern?
Was muss dafür geschehen?
Sagt die Kuhuhu

Im Gebüsch vor ihnen
Beobachtet sie ein kurzsichtiges Ozelot
Es sieht Alba und Wolle am Feuer sitzen
Marshmallows knistern in der Glut
Die Herzenglocke bimmelt mit dem Wind
Und das Ozelot fragt sich
Rauchen die Freaks da etwa Dinkelbrot?
Das Ozelot braucht eine Brille
Und mit jedem rauchenden Zug
Steigen bei ihm die Hoffnung und der Wille
Endlich begreift er
Der Weg zur Freiheit heißt
Mut

In diesem Augenblick schlug Jò mit der Hand auf den Tresen und unterbrach Wolle in seiner Vision von der Kuhuhu.
„Nix Träumen, Wolle. Ich weiß Danzig Spezial macht Träumen!“, und Jò grinste ihn an.
„Fiese Möpp Zeug!“, ätzte Wolle.
„Ja ich weiß, das Zeug ist gut!“, lächelte Jò.
„Eigentlich bin ich nicht zum Trinken hier, ehrlich gesagt, haben sich mein Kumpel und ich scheinbar verfahren. Wir wollten eigentlich zum Novotel im Zentrum, auf der Pszenna 1. Aber unser Navigationsgerät hat uns hier hin geführt, auch nachdem sie uns vorhin einen andere Straße

angegeben haben. Ich glaube die Chmielna war das!"
„Kann sein! Was ist für ein Gerät?"
„Tom Tom", sagte Wolle noch.
„Immer alle Leute kommen zu meiner Bar, wenn fahren mit Tom Tom. Das ist Lustig. Wir trinken dann immer Danzig Spezial. Jò schwört, das Jò niemanden kennt arbeiten bei Tom Tom. Das ist reiner Zufall.", Jò lächelte ihn verschmitzt an.
„Na, bei euch Polen weiß man nie!", grinste Wolle.
„Ich geben dir ein besseren Tipp als Tom Tom. Du gibst Name von Seitenstraße Zytnia ein und du laufen dann rechts um Ecke zu Hotel. Ganz leicht, versprochen!"
„Okay. Das hört sich schon besser an! Was bekommst du für den Danzig Spezial!", fragte Wolle.
„Das geht aufs Haus! Vielleicht wir sehen uns ja wieder und du trinken dann mit Kumpel bei uns!", lächelte Jò.
„Vielleicht!", und Wolle nickte freundlich zum Abschied.
Zurück im Auto fragte ich nörgelnd:
„Wat hasse denn da so lange jemacht? Ich hab schon gedacht du hast dich am Tresen eingehackt und den Urlaub eingeläutet. Ich wollte schon rein und gucken, wat los is!".
„Et wäre auch fast so gekommen, vor allem, weil Jò der Wirt mir diese Indianerbouillon serviert hat, der Drink war frei aufs Haus und das Zeug konnte ich nicht ausschlagen. Aber immerhin weiß ich jetzt wo wir hin müssen. Gib mal Zytnia ein!", erwiderte Wolle froh gestimmt.
So fuhren wir wieder in das Danziger Zentrum zurück, um drei bis vier Ecken, über drei bis vier Querstraßen, durch drei bis vier Kreuzungen und an drei bis vier Straßen vorbei, deren Namen unlesbar waren, nur um dann wieder an der Südseite vor der Bar „Der Schwarze Magnet" zu stehen, mit dem Hinweis der weiblichen Tom Tom Sprecherin:
„Sie haben ihr Ziel erreicht!"
Wolle und ich schauten uns verdutzt in unsere zerknautschten Gesichter.
„Dat gib et doch nicht!", schnauzte Wolle.
„Wollen die uns hier veräppeln oder wat?".
„Damit habe ich aber jetzt auch nicht gerechnet!", stimmte ich zu.
Wir saßen beide einen Augenblick still im Wagen und dachten nach.
„Weiße wat Wolle, jetzt geh ich mal rein und hau mal aufn Putz, ob die uns hier in Polen alle verarschen wollen! Die sollen spüren, datt man dat

mit uns so nicht machen kann!“
„Von mir aus!“, schnalzte Wolle.
Jeder meiner Schritte knarrte, als ich über den alten Holzboden zur Theke schritt.
So eben wollte ich auf den Tresen schlagen und laut los brüllen, als aus der Küche eine blonde, hübsche Polin in den Thekenraum trat. Sie war Anfang 20 und hatte die Haare zu zwei neckischen Zöpfen geflochten.
„Hallo. Ich bin Alicja! Du kommst aus Deutschland?“, grinste sie mich mit großen blauen Augen an. Aus mir unerklärlichen Gründen wich meine Wut einem wohlwollenden, entspanntem Gefühl.
„Ja stimmt, ich bin Steffen.“, lächelte ich, und ich merkte, wie ich ihrem Charme zu unterliegen drohte. Aber dann versuchte ich mich daran zu erinnern, warum ich eigentlich hier war und redete mir ein:
„Nein, du bist einer der Männer, die nicht schwanzgesteuert sind! Du beschwerst dich jetzt und das mit erhobener Stimme, um deinem Anliegen Ausdruck zu verleihen. Uns kann man nicht so einfach verarschen. Also los jetzt:“:
„Was macht so ein hübsches Ding hier so allein hinter dem Tresen?“, kam es mehr oder weniger erfolgreich aus mir heraus. Das zum Thema Beschwerde.
„Jò arbeiten mittags immer in einem Hotel hinter der Theke. Ein wenig dazu verdienen.
Wir beide trinken jetzt erst mal einen Danzig Spezial, das wir machen hier immer so.“
„Nein, eigentlich…“
„Nix nein. Sei nicht unhöflich. Spezial gehen auf Haus.“
Und Alicja stellte zwei Wassergläser vor uns auf den Tresen.
„Heißt Danzig Spezial. Gut schmecken.“, und sie kippte gleichzeitig klaren Wodka bis zur Hälfte des Wasserglases ein. Alicja schüttete noch einen Likör mit dem Namen Goldwasser drüber, in dem kleine Goldblattflocken schwammen und als Verfeinerung goss sie noch einen furchtartigen Saft mit hinein. Den Abschluss krönte ein besonderes Highlight, denn Alicja füllte den Rest des Glases mit braunem Tabasco auf und sie hielt mir das Ganze freundlich entgegen.
„Na zdrowie, Steffen!“, und Alicja kippte das Zeug runter.
Ich hatte das Gefühl, als würde mich die ganze Kneipe anstarren und alles um mich herum wurde still, sogar die Nebengespräche endeten abrupt.

Alicja blickte mich viel fragend an, und kneifen konnte ich wohl nicht mehr.
Ich hielt die Luft an, während ich das Glas zu meinem Mund führte. Der Tabasco erreichte schon meine Lippen, als ich noch in das Glas blickte und mir kleine goldene Blättchen ein edles Getränk vorgaukelten. Ich schluckte, begleitet von Ekel, das Zeug hinunter.
Es wurde dann alles schwarz. Ich spürte ein Brennen, dann kam es mir vor, als würde der Saft wieder versuchen, meine Speiseröhre hochzuklettern. Das Brennen und das Hochklettern wechselten sich sekündlich ab, gefolgt von einem hilflosen Schlucken meinerseits, um nicht willenlos vor den Tresen zu kotzen. Dann entschwand ich innerlich dem Kneipengastraum. Mein Geist entschwebte meinem Körper und es ging mir so ähnlich, wie viele Nahtodpatienten ihren Schwebezustand beschreiben. Ich sah mich noch von oben vor Alicja am Tresen stehen, die mich mit ihren großen Augen angrinste. Wolle hätte trocken gesagt,
„Janz schön surreal, dat Ganze hier."

Marshmallows knistern im Feuer
Der Himmel färbt sich pink
Über mir fliegt ein blauer Kranich hinweg
Sanfter Wind duftet nach Salbei
Komm sing mit uns
Sagt die Kuhuhu
Die Kuhuhu und das Ozelot
Sind vereint am lodernd Feuer
Das Ozelot spielt Banjo
Alba schwingt Percussion
Und beide schmettern ein
„Von Regen in die Traufen
Nein, wir verzagen nicht
Kehren ein und Kehren aus
Machen einfach weiter
Wir feiern und wir saufen
Singen von Frieden
Und vom Freiheitslicht
Der Mensch denkt
Wir sind nicht ganz dicht

Aber uns kann man nicht mehr kaufen!“

In diesem Augenblick schlug Alicja mit der Hand auf den Tresen und unterbrach mich in meiner Vision von der Kuhuhu.
„Nix Träumen, Steffen. Ich weiß Danzig Spezial macht Träumen!“, und Alicja grinste mich an.
„Fiese Möpp Zeug!“, ätzte ich.
„Ja ich weiß, das Spezial schmeckt gut!“, lächelte Alicja.
„Eigentlich bin ich nicht zum Trinken hier, ehrlich gesagt, haben sich mein Kumpel und ich scheinbar verfahren. Wir wollten eigentlich zum Novotel im Zentrum, auf der Pszenna 1. Aber unser Navigationsgerät hat uns hier zum zweiten Mal hin geführt, auch nachdem Jò uns vorhin einen andere Straße angegeben hatte. Ich glaube die Zytnia war das!“
„Kann sein! Was ist für ein Gerät?“
„Tom Tom“, sagte ich noch.
„Immer alle Leute kommen zu „Schwarze Magnet“, wenn fahren mit Tom Tom. Das ist lustig. Wir trinken dann immer Danzig Spezial. Das ist reiner Zufall.“ Alicja lächelte mich verschmitzt an.
„Das habe ich schon mal gehört!“, grinste ich.
„Ich geben dir ein besseren Tipp als Tom Tom. Du gibst Name von Seitenstraße Mottawska ein und du laufen dann rechts um Ecke zu Hotel. Ganz leicht zu finden. Ganz wirklich!“
„Okay. Das hört sich schon besser an! Was bekommst du für den Danzig Spezial!“, fragte ich nach.
„Das geht aufs Haus! Vielleicht wir sehen uns ja wieder und du trinken dann mit Kumpel bei uns!“, lächelte Alicja.
„Hoffentlich nicht!“, scherzte ich freundlich zum Abschied.
Zurück im Auto fragte Wolle nörgelnd:
„Wat hasse denn da so lange jemacht? Ich hab schon gedacht du hast dich am Tresen eingehackt und den Urlaub eingeläutet. Ich wollte schon rein und gucken, wat los is!“
„Ich hab erst mal richtig aufn Tisch jehauen. Die verarschen uns nicht mehr! Jò ist arbeiten gegangen, da war so ein kleines, blondes Mädel hinter dem Tresen, die habe ich erst mal zur Schnecke gemacht. Gib mal Mottawska in dat Ding ein.“
So fuhren wir wieder in das Danziger Zentrum zurück, um drei bis vier Ecken, über drei bis vier Querstraßen, durch drei bis vier Kreuzungen und

an drei bis vier Straßen vorbei, deren Namen unlesbar waren, nur um dann wieder an der Nordseite vor der Bar „Der Schwarze Magnet“ zu stehen, mit dem Hinweis der weiblichen Tom Tom Sprecherin:
„Sie haben ihr Ziel erreicht!“
Wolle und ich schauten uns verdutzt in unsere zerknautschten Gesichter.
„Dat gib et doch nicht!“, schnauzte Wolle.
„Wollen die uns hier veräppeln oder wat?“.
„Damit habe ich aber jetzt auch nicht gerechnet!“, stimmte ich zu.
Wir saßen beide einen Augenblick still im Wagen und dachten nach.
„Weiße wat. Wir gehen jetzt beide rein und hauen da nochmal voll aufn Tisch. Ich hab kein Bock jetzt hier durch halb Polen zu gurken, nur weil dat Tom Tom die Straße nicht findet!“
„Juut. Machen wir dat!“, stimmte ich zu.
Der Fußboden knarrte, als Wolle und ich durch die Bar zum Tresen gingen.
Wolle holte tief Luft und er wollte los zetern, als Alicja aus dem Küchenbereich in den Thekenraum trat und drei Wassergläser vor uns auf die Theke stellte.
Sie lächelte Wolle mit ihren großen blauen Augen an und sagte:
„Hallo, ich bin Alicja. Und du bist Freund von Steffen. Wie heißt du?“
Wolle zögerte und sagte dann:
„Ich bin Wolle. Wat macht so'n hübsches Ding allein hinter der Theke?“
„Jò ist in einem Hotel arbeiten, dass macht er hin und wieder. Lass uns trinken einen Danzig Spezial. Das machen wir hier im „Schwarzen Magnet“ so, wenn neue Gäste kommen. Spezial geht auch auf Haus!“.
Und sie kippte gleichzeitig klaren Wodka bis zur Hälfte des Wasserglases ein. Alicja schüttete noch einen Likör mit dem Namen Goldwasser drüber, in dem kleine Goldblattflocken schwammen und als Verfeinerung goss sie noch einen fruchtartigen Saft mit hinein. Den Abschluss krönte ein besonderes Highlight, denn Alicja füllte den Rest des Glases mit braunem Tabasco auf und sie hielt uns das Ganze freundlich entgegen.
„Na zdrowie, Steffen! Na zdrowie, Wolle!“, und Alicja kippte das Zeug runter.
Wir hatten das Gefühl, als würde uns die ganze Kneipe anstarren und alles um uns herum wurde still, sogar die Nebengespräche endeten abrupt.
Alicja blickte uns viel fragend an, und kneifen konnten wir wohl nicht mehr.

Wir hielten die Luft an, während wir das Glas zu unserem Mund führten. Der Tabasco erreichte schon unsere Lippen, als wir noch in das Glas blickten und uns kleine goldene Blättchen ein edles Getränk vorgaukelten. Wir schluckten, begleitet von Ekel, das Zeug hinunter.
Es wurde dann alles schwarz. Wir spürten ein Brennen, dann kam es uns vor, als würde der Saft wieder versuchen, unsere Speiseröhre hochzuklettern. Das Brennen und das Hochklettern wechselten sich sekündlich ab, gefolgt von einem hilflosen Schlucken unsererseits, um nicht willenlos vor den Tresen zu kotzen. Dann entschwanden wir innerlich dem Kneipengastraum. Unser Geist entschwebte unserem Körper und es ging uns so ähnlich, wie viele Nahtodpatienten ihren Schwebezustand beschreiben. Wir sahen uns noch von oben vor Alicja am Tresen stehen, die uns mit ihren großen Augen angrinste. Wolle sagte noch trocken:
„Janz schön surreal, dat Ganze hier.".

Marshmallows knistern im Feuer
Der Himmel färbt sich pink
Über über uns fliegt ein blauer Kranich hinweg
Sanfter Wind duftet nach Salbei
Das Ozelot und Kuhuhu sitzen eng umschlungen
Sie küssen sich ganz zärtlich
Und liebkosen sich mit Engelszungen

Die Kuhuhu wedelt mit dem Schwanze
Und ihre Stimme bebt in großem Eifer
Das Ozelot und ich gehen jetzt aufs Ganze
Sagt die Kuhuhu
Wir durchbrechen jede Grenze
Überfliegen jeden Horizont
Als Vorbild dient diese Romanze
Sie steht für Frieden und Freiheit im goldenen Glanze
Und nichts war jemals so rein
So geht dahin und ihr erzählt es weiter
Die Liebe von der Kuhuhu und dem Ozelot
Sie soll für jeden in der Dunkelheit
Eine kraftvolle Erinnerung sein

Und ein stetiger Begleiter!

Marshmallows knistern in der Glut
Die Herzenglocke bimmelt mit dem Wind
Die Kuhuhu und das Ozelot küssen sich
Und bei uns beiden steigt die Hoffnung
Ja sogar der Wille
Endlich begreifen wir
Der Weg zur Freiheit heißt
Mut

Alicja schlug mit ihrer Hand auf den Tresen, wodurch Wolle und ich aufschreckten.
Am Tisch rechts neben uns gackerten zwei polnische Studentinnen vor sich hin, während sie uns dabei beobachteten, wie wir den Danzig Spezial vernichteten.
„Also ehrlich gesagt suchen wir das Novotel im Zentrum. Und wir müssen da jetzt auch wirklich hin, vielleicht fragen wir mal die Studentinnen da vorne!", und Wolle drehte sich um.
Justyna und Kamila waren wirklich sehr nett und sie konnten uns auch sofort sagen, dass wir die Jaglana Straße in das Tom Tom eingeben sollten. Wir hielten einen kurzen Plausch mit Händen und Füßen, aber danach fuhren wir wieder in das Danziger Zentrum zurück.
Es ging um drei bis vier Ecken, über drei bis vier Querstraßen, durch drei bis vier Kreuzungen und an drei bis vier Straßen vorbei, deren Namen unlesbar waren, nur um dann wieder an der Ostseite vor der Bar „Der Schwarze Magnet" zu stehen, mit dem Hinweis der weiblichen Tom Tom Sprecherin:
„Sie haben ihr Ziel erreicht!"
Wolle und ich schauten uns verdutzt in unsere zerknautschten Gesichter.
„Dat gib et doch nicht!", schnauzte Wolle.
„Wollen die uns hier veräppeln oder wat?".
„Damit habe ich aber jetzt auch nicht gerechnet!", stimmte ich zu.
Stille machte sich für einen Moment breit.
„Wolle, gib du doch einfach nochmal die Adresse von der Reisebestätigung ein, ich geh da nicht mehr so schnell rein, die Köppe halten uns ja für bekloppt!", nuschelte ich.

„Wir sind auch bekloppt!“, stöhnte Wolle beim Eingeben der Adresse in den Tom Tom. So fuhren wir wieder los. Es ging um drei bis vier Ecken, über drei bis vier Querstraßen, durch drei bis vier Kreuzungen und an drei bis vier Straßen vorbei, deren Namen unlesbar waren, nur um dann wieder an der Westseite vor der Bar „Der Schwarze Magnet“ zu stehen, mit dem Hinweis der weiblichen Tom Tom Sprecherin:
„Sie haben ihr Ziel erreicht!“
Wir waren zu entmutigt, um irgendetwas zu sagen, und wir schnallten uns wortlos ab, um dann schlürfend in die Bar einzutreten. Bei unserem Eintreten wurde es schlagartig ruhig. Mehrere Augenpaare verfolgten unsere Bewegungen. Wolle und ich gingen schnellen Schrittes an einen Tisch neben Justyna und Kamila. Eine Kerze steckte in einer mit Wachsüberlaufenden Weinflasche und sie erlosch gerade mit einem Zischen.
„Himmel hilf! So ein Danzig Spezial werde ich garantiert nicht mehr saufen!“, sagte ich noch mit ernster Stimme.
„Und das Ziel nicht aus den Augen verlieren! Den richtigen Weg zum Hotel finden!“, fügte Wolle hinzu.
„Und bloß keinen Danzig Spezial mehr saufen!“, flüsterte ich nochmals.
Alicja kam sofort mit einem Tablett Danzig Spezial herbei geeilt, sie stellte die Gläser neben die Kerze und lächelte mich an.
„Ach die Deutschen. Niemiecki wieder da. Ihr habt Hotel gefunden und ihr wollen feiern jetzt mit uns? Wie nett! Die Mädels von drüben geben euch einen Spezial aus! Sie euch finden lustig!“, entgegnete sie mir.
„Nein!“, antwortete ich mit fester Stimme.
„Mir brauchst Du keinen Danzig Spezial mehr andrehen, Alicja!“, hob ich die Hand.
„Dann nehm ich dein Glas auch noch, Steffen!“, sagte Wolle, während er sein leeres Glas auf den Tisch stellte und mich mit lila Augen anblickte. Justyna und Kamila gackerten herzhaft am Nebentisch, während Wolle meinen Spezial vernichtete. Wolle blickte in die Ferne, als wenn sein Geist seinen Körper verließ.
„Und was war mit dem Ziel und dem Nicht-aus-den-Augen-verlieren?“, rief ich zu Wolle rüber.
„A wat. Ich sach ja immer: Kann man machen, muss man aber nicht! Warum soll ich die Einladung von so charmanten Damen ausschließen?“, und er lächelte dem Nachbartisch zu. Und so kam es, dass wir mit Justyna

und Kamila auf das Leben anstießen und schlussendlich den Wagen am „Schwarzen Magnet“ stehen ließen und nicht zum Hotel, sondern mit den beiden Mädels im Taxi auf eine Studentenparty in Danzig fuhren. Aber was auf der Studentenparty passierte und warum wir am nächsten Tag feststellen mussten, dass Jò aus dem „Schwarzen Magnet“ auch in unserem Hotel als Barkeeper arbeitete und warum Wolle später öfter mal Kamila besuchte, erzähle ich euch ein anderes Mal! Aber was haben wir aus dieser Geschichte gelernt? Wir müssen Mut haben, um für die eigene Freiheit zu kämpfen, dass das Tom Tom den „Schwarzen Magnet“ liebt und die Polen das genau wissen! Frei nach dem Typus A die Moral der Geschicht: „Kann man machen, muss man aber nicht!
Und dat reimt sich!

Ein Gedicht, das häufig auf meinen Lesungen gefordert wird und zu dem ich viele Mailpost erhalte. Flaschenpost handelt von der Liebe und der Sehnsucht, jemanden zu finden, den man bis über alle Grenzen lieben kann. Aber das es auch Zufall sein kann, wen sich die Liebe dafür aussucht:

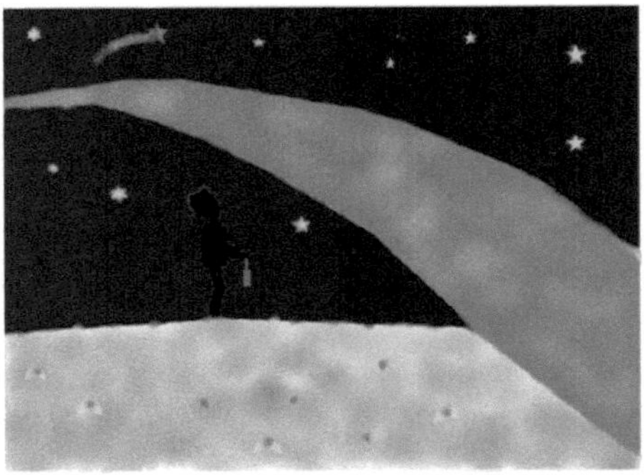

Flaschenpost

Flaschenpost

In einer Flasche, grün und fein
Schrieb ich Dir meine Liebe
Und sie trieb Strom ab im Rhein
Auf dass sie ewig bliebe

Vorbei an alten Ruinen und Gemäuern
Entlang stillgelegter Stahlwerke
Und großer Furcht vor Schornsteinungeheuern
Doch in der Liebe fand sie Willensstärke

Tagein, tagaus, durch jedes Wetter
Endlos trieb sie im Fluss
Gestupst von Wellen wie Kanonenfutter
Ihre Heimat fern, kein Abschiedskuss

Ihre Hoffnung war ganz klein
Das gerade du sie finden würdest
Als Flasche stets ein stilles Sein
Doch die Liebe baut im Himmel ihr Podest

So trieb sie einfach fort
Wissend, dich nie finden zu können
Mit meiner Liebe im Bauch an einen fremden Ort
Hat Ihre Reise als Flaschenpost begonnen

In einer Flasche, grün und fein
Schrieb ich dir meine Liebe
Und sie trieb Strom ab im Rhein
Auf dass sie ewig bliebe

Auf dass sie ewig bliebe

Der Mensch lebt heute in vielen verschiedenen Abhängigkeiten innerhalb unserer Gesellschaft, z.B. innerhalb des Berufes oder in den unterschiedlichen Beziehungen zu Menschen. Wir nehmen dabei soziale Rollen an mit den unterschiedlichsten Anforderungen. Wir hinken oft diesen Anforderungen hinterher, weil wir diese nicht erfüllen können oder wollen. Es gibt auch immer wieder Rollenkonflikte unter den vielen einzelnen Rollen, die wir so tagtäglich bekleiden. Was ist uns wichtiger, die Rolle als Mutter oder die Rolle als Abteilungsleiterin? Zwölf Stunden arbeiten oder den Sohn beim Fußballtraining erleben. Wir gehen manchmal zu viele Kompromisse ein, nur um Allen anderen Menschen gerecht zu werden.

Wir selbst und unsere Wünsche bleiben auf der Strecke.

Bei einem Spaziergang am Rhein erklärte mir ein befreundeter Ingenieur die so genannte Rheinrektifikation.

Der Rhein wurde 1817 und 1876 durch Johann Gottfried Tulla und Max Honsell einfach begradigt, also passend auf die Bedürfnisse der Menschen zugeschnitten. Man hat den Fluss verkürzt, Dämme gebaut und schiffbar gemacht. Der Rhein war seitdem nicht mehr er selbst, sondern ein Fluss mit Funktion, über dem Schiffstransporte die Wirtschaft ankurbelten und Lebensräume für Menschen künstlich erschaffen wurden.

Uns Menschen geht es häufig in unseren Rollenkonflikten ähnlich, auch wir werden begradigt und zugeschnitten auf die Aufgaben unserer Rollen. Aber müssen wir diese Rollen erfüllen? Oder können wir auch einfach mal Nein sagen? Natürlich dürfen wir das!

Der Text „Der Rhein ist tot“ handelt von eben diesem Thema:

Der Rhein ist tot

Der Rhein ist tot
Er wollte nicht mehr fließen
Einsam treibt ein kleines Segelboot
Und er starb ganz ohne Blutvergießen

Gestern durchzog er noch den Horizont
Doch sein Strom ist still versiegt
Und jeder neue Weg entzweit in einer trüben Wasserfront
Seine geliebte Quelle von Trockenheit besiegt

Der Rhein ist tot
Der Mensch hat ihn zu sehr begradigt
Ihn in Bahnen gelenkt und Kurven verpasst
Neue Wege aufgezeigt und alte verschüttet

Jetzt ist er tot
Der Mensch hat ihn verändert
Ihn verbogen und ausgehoben
Und Brücken über ihn geschlagen

Der alte Fluss ist tot
Der Mensch hat seine Schätze geraubt
Ihn mit Städten zugepflastert
Und den Weg zum Horizont verbaut

Ganz einsam war er zum Schluss
Wusste nicht mehr, wo Anfang
Und sein Ende war
Wo sein Zuhause liegt
Und in welches Meer er wollte
Also ist er einfach gestorben

Manchmal bin ich wie der Rhein
Begradigt, verändert und ausgehoben
Um Schätze beraubt und verbogen
Verschüttet, verbaut und mit Brücken verschlagen
Ich finde dann mein Zuhause nicht mehr
Oder welchen Horizont ich erobern wollte
Dann wünsche ich mir
Ach, wäre ich doch wie er
Und müsste nicht immer gegen
Jeden Strom ankämpfen
Und könnte einfach gehen
Ganz leise davon treiben
In der Sonne versiegen
Aber ich weiß, dass das nicht geht

Der Rhein ist tot
Er wollte nicht mehr fließen
Einsam treibt ein kleines Segelboot
Und er starb ganz ohne Blutvergießen

Gestern durchzog er noch den Horizont
Doch sein Strom ist still versiegt
Und jeder neue Weg entzweit in einer trüben Wasserfront
Seine geliebte Quelle von Trockenheit besiegt

Mai 2005. Wir Menschen neigen dazu Entscheidungen schlecht treffen zu können, weil wir oft ein Problem zergrübeln oder wir zu sehr darüber nachdenken und dadurch zu viele Faktoren und Sichtweisen in einen Topf werfen. Wir grübeln oft schon bei Kleinigkeiten und können uns nicht entscheiden.
Der Text „Pizza Himmel und Äd“ geht genau darauf ein. Himmel und Äd ist ein sehr beliebtes und typisches Gericht am Niederrhein, es besteht aus Blutwurst, Äpfeln, Zwiebeln und Kartoffelbrei.
Die Großfamilie um den tüchtigen Werner, sitzt am Abendtisch herum und grübelt nach, was es denn zum Abendbrot gibt!

Das Himmel und Äd Gedicht

Und ich sach noch für'n Werner
Werneeer, sach ich
Mach doch einfach Himmel und Äd
Ich war nämlich zum Krankenbesuch nach em Werner
Der konnt nicht arbeiten wegen Rücken
Also bin ich da noch schnell mal hin
Zu seinem Wohlentzücken

Die ganze Familie war da
Und die Gaby sacht für'n Werner
Werneeer, sacht se
Ich hab Bock auf 'ne Pizza
Gaby is die Frau von ne Werner
Lass uns doch bei de Luigi bestellen
So 'ne große Family Pizza Nizza

Nee, nich die Nizza, sacht die Anne für'n Werner
Werneeer, sacht se
Da sind Zwiebeln drauf
Anne is die Tochter von ne Werner
Da muss ich immer furchtbar von pupen
Und nachts nehmen dann schlimme Dinge ihren Lauf

Und Werner winkt nur ab

Werneeer, sach ich noch
Mach doch einfach Himmel und Äd
Brauchste die Kartoffelkes nur mit Salz kochen und zu Püree stampfen
Und dann en Stückchen Butter unterrühren
Dabei muss dat Ganze aber dampfen
Aber da sacht der Chrissi für'n Werner
Werneeer, sacht er
Dann lass uns doch die Diavolo bestellen
Chrissi is der erst Geborene von ne Werner
Mit Paprikas grün und Peperoni rot

Oben gelb mit Knoblauchöl
Dat gibt nen feurig schönes Abendbrot

Nee, nich die Diavolo, sacht die Gaby für'n Werner
Werneeer, sacht se
Da krieg ich am Hals immer so 'ne roten Flecken
Gaby is ja die Frau von ne Werner
Und wat pelzig auffe Zunge
Und ich muss mich tagelang mit 'nem Schal bedecken

Werner hat schon Schnappatmung

Werneeer, sach ich noch
Mach doch einfach Himmel und Äd
Musse nur die Zippeln von der Haut entkleiden
Danach dann grob in Ringe trennen
Und zum Schluss die Blotwooscht fein zerschneiden

Aber da sacht der Marc für'n Werner
Werneeer, sacht er
Lass uns doch nach em Luigi 'ne Pizza Hawaii bestellen
Marc is der jüngste Sohn von ne Werner
Schön mit Ananas gelb und Thunfisch braun
Und oben gestreut mit Oregano fein
Und wer möchte, kann sich 'ne Sardelle drauf haun

Nee, nich die Hawaii, sacht der Chrissi für n Werner
Werneeer, sacht er
Da krieg ich von ne Ananassäure immer son'ne Sodbrennen
Chrissi ist ja der erst Geborene von 'ne Werner
Und der Magensaft schwappt immer so hoch
Ich muss sonst tagelang mit Magenmalesse rumrennen

Werner explodiert gleich

Werneeer, sach ich noch
Mach doch einfach Himmel und Äd

Musste nur Püree unne Äppels miteinander verrühren
Dat alles dann mit Salz und Pfeffer gut abschmecken
Und dat Janze nur noch mit de Blotwooscht dekorieren

Werner explodiert

Jetzt is aber mal zappen Duster hier im Dom
Ich glaub ich steh im Busch
Hier mit Sodbrennen und rumrennen
Hier mit roten Flecken und bedecken
Hier mit Zwiebeln drauf und Dinge ihren Lauf
Ihr könnt mich alle mal anne Täsch lecken
Ich geh jetzt schön aufn Bierchen ins Schäfchen rein
Und mach mich hier vom Acker
Ihr könnt dann gemütlich beisammen sein
Und bei de Luigi Pizza Himmel und Äd bestellen
Die is nämlich besonders lecker
Aber Himmel und Aed fresst mal schön allein
Adios muchachos, fürn Werner gibt's jetzt Frikadellen!

So ging der Werner ganz allein
In die nächste Kneipe rein
Er aß dort Frikadellen bei Kerzenschein
Und ließ den Abend einfach Abend sein

Für Stefan

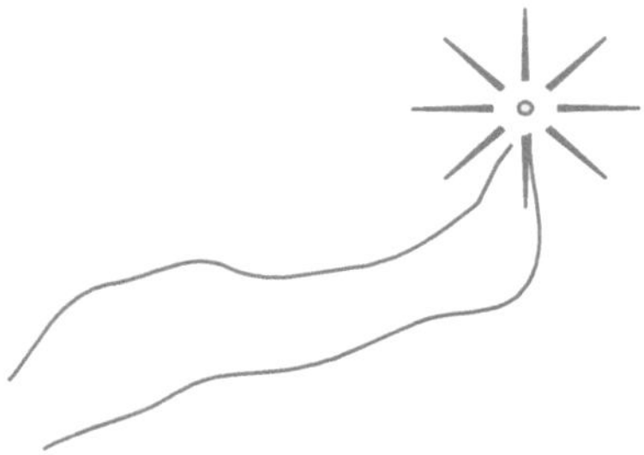

Die Geschichte von der Sternschnuppe

Da war dieser kleine Junge der immer an den Rheinwiesen saß und in den Nachthimmel schaute. Neben ihm rauchten die Schornsteine, die schon lange vor ihm standen. Er war gerade sieben Jahre alt und fragte sich, wo denn die ganzen Sternschnuppen hinfallen, die am Himmel zu sehen waren. Seine Augen folgten ihnen, Nacht für Nacht, bis zum Horizont. Aber dort hinter dem Horizont, da mussten sie doch irgendwo runter kommen. Auf die Erde niederschlagen. Da musste ein Ort sein auf dieser Erde, wo die Sternschnuppen ein Zuhause finden.Also machte er sich auf, diesen Ort zu finden. Er hörte auf zu Essen und zu Trinken. Er ging einfach los, immer den Rhein entlang. Getrieben von der Sehnsucht, den Ort zu finden, wo die Sternschnuppen ein Zuhause finden. Weit hinter dem Horizont. An Straßburg vorbei, über Mannheim, Heidelberg und Bingen, das schöne Mainz, Bonn und Köln, Düsseldorf und Oestrum, über Rotterdamm, immer dem Rhein folgend. Bis dieses große Meer kam, dem der Fluss sein Wasser schenkte. Er war schon erwachsen, kein Kind mehr, und erschöpft von der Reise. Jetzt war dieses Meer vor ihm. Und die Sternschnuppen flogen scheinbar noch über dieses Meer hinaus. Auch der Horizont war hinter diesem Meer. Er war so erschöpft und kraftlos, dass er aufgeben musste. Nein, dieses Meer konnte er nicht mehr überqueren. Also kehrte er um, ohne den Ort zu finden, an dem die Sternschnuppen ein Zuhause finden. An Rotterdamm vorbei, Düsseldorf und Oestrum. Aber dann saß diese Frau am Rheinufer. Ihre Haare wehten im Wind und die Luft roch süßlich schön. Er fragte sie, was sie denn hier am Rhein so einsam machen würde.„Sternschnuppen", sagte sie.
„Jetzt sitze ich hier ein Leben lang und habe noch nie eine Sternschnuppe

gesehen. Noch nie! Menschen sagen, dass sie über den Horizont fliegen können. Und dass man sich dann was Wünschen darf, was auch in Erfüllung geht, wenn ich nur ganz fest daran glaube!". Da lachte er. „Komm, ich zeige dir eine Sternschnuppe!"
Da nahm er sie an die Hand und sie liefen an den Rheinwiesen dem Horizont entgegen. Eines Tages war ihre Liebe so stark und leuchtend, dass man meinen konnte, hier ist der Ort an dem die Sternschnuppen ein Zuhause finden. Niederfallen.
Weit hinter dem Horizont.

Vom Bewahren und Suchen

Etwas zu suchen ist recht leicht
Etwas zu finden schon schwerer
Aber etwas zu bewahren
Ist ein kleines Geheimnis

Von Gas-Wasser-Scheiße und anderen Dingen oder: Am Ende haben sie wieder alle recht gehabt!

Die Niederrheiner besitzen eine ganz besondere Art miteinander zu kommunizieren, und damit meine ich nicht die Mundartsprache, sondern die Gesprächsführung während einer Unterhaltung. Die Kommunikationspsychologie spricht während einer Unterhaltung von einem Sender und einem Empfänger. Der Sender kodiert eine Botschaft und schickt diese an den Empfänger. In dieser Botschaft übermittelt der Sender Gefühle, Wünsche und Bedürfnisse. Der Empfänger dekodiert die erhaltene Botschaft, wenn er denselben Code verwendet wie sein Gegenüber. Funktioniert die Dekodierung, können Sender und Empfänger ohne Störung miteinander kommunizieren. Gefühle und Bedürfnisse lassen sich dadurch wunderbar an unser Gegenüber kommunizieren und an meinen Gesprächspartner vermitteln.

Sende- und Empfangsverhalten können natürlich gestört sein, wenn zum Beispiel die Gesprächspartner unterschiedliche Wahrnehmungskanäle verwenden, zum Beispiel Gestik, Mimik oder Aussagen unterschiedlich interpretieren. Die Ressourcen Erlebnisfähigkeit sowie Empathie sind die passenden Eigenschaften bei Menschen, um Codes auch gut entschlüsseln zu können, sodass keine Missverständnisse entstehen. Der Niederrheiner besitzt jedoch oft überhaupt keine Erlebnisfähigkeit, geschweige denn ein empathisches Verhalten. In bestimmten Situationen kodiert der Niederrheiner seine Aussagen munter drauf los und dekodiert Botschaften, wie er gerade Lust und Laune hat. Der Niederrheiner verfährt da nach dem Prinzip stille Post, und viel schlimmer, einige von den Köppen haben die niederrheinische Taubheit. Kennst du die niederrheinische Taubheit? Die Köppe verstehen nur dat, wat sie hören möchten. Besonders die älteren Generationen von Niederrheinern leiden unter dieser speziellen Ohrenerkrankung! Letztendlich ist bei einem niederrheinischen Kneipengespräch sowieso nur wichtig, dass jeder irgendwat sagt und jeder seinen Senf dazugibt und recht hat.

Am Ende haben sie wieder alle recht gehabt! Dat is immer so!

Neulich hat mich doch der Jörg angerufen und gesagt

„Komm Jung, gehen wir mal beim Raimond en Bierchen trinken.“

„Juuut!“, sag ich da noch.

Und wir sind dann in unsere Dorfkneipe beim Raimond und der Gundi eingekehrt. Die liegt so schön versteckt hinter der Oestrumer Bahnschranke, obwohl, die könnte auch vor der Oestrumer-Bahnschranke liegen, je nachdem, von wo man guckt. Wenn man beim Raimond drin ist, dann liegt sie vor der Oestrumer-Bahnschranke, steht man jetzt auf der Moerserstraße anne Haltestelle und guckt so auf die Kneipe drauf, dann liegt sie hinter der Oestrumer Bahnschranke. Dat is Ansichtssache.* Jedenfalls wurde das später und später, bestimmt so ein Uhr, vielleicht war et auch noch später gewesen. Keiner von den Köppen weiß dat jetzt mehr so genau. Wir saßen da alle wie in so Hufeisenform an der Theke, von links nach rechts gereiht, und wir konnten uns alle schön dösig in die Augen gucken.

Niederrheinische Querköppe am Tresen

Auf dem Barhocker saß der Holger Svenson von der Schwedenbande, die Schwedenburschen sind ja irgendwann mal mit der Fähre zu uns rüber gekommen. Der Sven Nilsson saß ganz links und der Nils Holgersson saß wiederum ganz rechts. Der Holger Svensson brabbelte irgendwat auf Schwedisch vor sich hin, wat keiner verstehen konnte, aber wenn er uns an guckte, dann nickten ihm zustimmend zu. Die Gemüter hatten sich gerade wieder beruhigt, weil der Pilstrinker links neben mir, dummerweise das wichtigste Thema im Kreis Oestrum, Trompet, Bergheim und Friemersheim angesprochen hatte. Nämlich: Wo fängt wat an und wo hört wat auf?

Und wenn die Köppe alle zwei Promille haben, dann gehen die sich bald gegenseitig an den Kragen. Dat is immer so!

Ich erinnere mich noch, datt der Tobias Knuster den Nils Holgersson von seiner Hochzeit ausgeladen hatte, weil der Nils Holgersson am Tresen behauptet hat, datt Oestrum an der Langestraße anfängt und hinter der Eichenstraße aufhört.

Der Tobias Knuster hat dann so einen richtig roten Kopp bekommen und wie wild mit dem Nils Holgersson diskutiert.

„Nein", sagte der Knuster.

„Ich hab da vor zwei Monaten beim Canaster schon mit dem Ferdi drüber diskutiert. Weiße, der Ferdi von ne Friseurladen in Oestrum. Wir sind da beide auch auf keinen Nenner gekommen! Ich bin dann ins Rathaus nach Rheinhausen gegangen und ich hab mir die frühsten Baupläne geben lassen, die da im Rathaus rum lagen. Und in den Plänen war deutlich zu sehen, datt Oestrum an der Langestraße und der Schleue beginnt und Oestrum da an der Stelle von Bergheim trennt.

Und an der Wiesenstraße fängt schon Trompet an, aber die Eichenstraße gehört schon gar nicht mehr zu Oestrum. Die is schon Asterlagen!"

„Ja hör ma, ich weiß doch wo ich wohne!", schrie dann der Nils Svensson über die Theke.

„Tobias, du brauchst doch nur mal da vorne an die Wand gucken, da is Oestrum mit seinen Gebäuden aufgezeichnet, die Friedenskirche auf der Lutherstraße, die Grundschule auf der Mevissen Straße, die alte Zeche und da vorne siehsse die Musikschule von der Eichenstraße. Die Eichenstraße grenzt also Oestrum von Bergheim ab. Mit der Wiesenstraße hasse recht, da fängt ja Trompet an. Dat will auch keiner bestreiten, aber mit der Eichenstraße, da vertusste dich. Oder meinze eigentlich, wir sind hier alle doof im Kopp oder wat?

Und der Kopp, der die Wand gemalt hat, is erst recht doof! Nur du bist nich doof im Kopp oder wat?"

Die anderen Köppe waren am Tresen alle ganz still. Bei so einer Diskussion mischt man sich besser nicht ein, dat Ganze eskaliert sonst blitzschnell! Von uns Besserwissern kloppt sich ja nie einer, aber die Köppe können drohen wie die Weltmeister! Die Köppe bellen nur, aber beißen nicht.
„Wat weiß ich, wat dat für ein Kopp is, der die Wand da angemalt hat. Weißt du dat, wat dat für ein Kopp is? Ich bin nicht mit dem zur Schule gegangen! Bist du mit dem zur Schule gegangen oder wat? Der kann von mir aus ganz China in Oestrum reinzeichnen, dat is mir doch sowat von scheiß egal. Ich glaub sowieso nur noch offiziellen Urkunden!“ Knuster hob den Arm mit gestreckten Zeigefinger in die Höhe.
Am Tresen herrschte Stille und Raimond stellte allen Köppen ein neues Bier hin. So ging dat jetzt gefühlte zwei Stunden lang. Ein Kopp behauptete, Trompet würde am Bahnhof anfangen und an der Moerserstraße enden, und der andere Kopp holte dann irgendeinen Gegenbeweis raus und am Ende wusste keiner mehr, wo jetzt Oestrum von Bergheim getrennt wurde und wo Trompet eigentlich anfing. Und Raimond stellte den Köppen in der Stille immer neues Bier hin. Und auf diese Weise geht dat immer zu, da kann wer weiß wat auf der Welt passieren, also irgendein Terroranschlag im Irak stattfinden oder datt der Hoeneß Steuern in der Schweiz hinterzieht oder der Steinbrück sich als neuer SPD Kandidaten Clown versucht. Dat is alles vollkommen egal, sobald einer von Oestrum, Bergheim und Trompet anfängt. Die Gauner diskutieren dann lieber über so'n Blödsinn und das mit letztem Einsatz und Volldampf voraus, und am Ende sagt dann immer einer von den Köppen:
„Dat is Ansichtssache!“
Meistens sagt dat der Kopp, dem gerade eben nachgewiesen wurde, datt er zu 99,9% im Unrecht ist. Eigentlich kann er gar nicht im recht sein, denn die anderen Köppe haben ihm das mit notarieller Urkunde nachgewiesen und ihm die vom Bürgermeister unterschriebene Urkunde hier in der Kneipe vor ihm auf dem Tresen hingelegt! Aber dann kommt der Satz:
„Dat is Ansichtssache!“
Die Diskussion ist damit beendet und alle haben irgendwie wieder recht gehabt und die Köppe können wieder friedlich ihr Bier schlürfen.
Ich selber habe schon erlebt, datt Leute einen schönen Abend in unserer Kneipe verbringen wollten, aber die Gäste sich dann actutum auf der

Türmatte umgedreht haben, weil die schon beim Eintreten so Begriffe wie Oestrum, Trompet, Bergheim und Grenze gehört haben. Die Leute wussten dann sofort, die Köppe streiten sich wieder darüber, wo wat anfängt und wo wat aufhört, da haben die Leute lieber von vornherein dat Weite gesucht! Ich bin ja froh, datt der Knuster sich nicht mit dem Sven Nilsson anne Köppe gekriegt hat, denn der Sven Nilsson ist nämlich der Stärkste von der Schwedenbande. Ich weiß noch, wie der Nilsson den Alfons Pinkl aus der Mähmaschine raus geholt hat! Einfach so mit den Armen! Der Pinkl hat doch diese Schlafkrankheit mit Sekundenschlaf, durch die Medikamente klappt er zwar nicht mehr plötzlich zusammen, aber hin und wieder macht der gern mal ein Nickerchen. Ja, der Pinkl hat dat mit dem Schlafen früher mal ganz schlimm gehabt, immer wenn der Kopp so einen bestimmten Erregungszustand erreicht hatte, dann war der Mann einfach umgefallen. Ne Minute später war aber wieder alles in Ordnung und er stand da wieder wie 'ne alte Eiche.

Ja, der Pinkl hat vor seiner Erkrankung Flötenunterricht in der Musikschule auf der Eichenstraße gegeben. Und ich weiß noch, als er der Lisa Fritsch die “Gedanken sind frei“ beigebracht hat. Die Lisa hat und hat und hat dat nicht kapiert mit den Fingerstellungen. Es kam immer der falsche Ton an der richtigen Stelle raus und umgekehrt natürlich auch. Aber irgendwann hat die Lisa es kapiert gehabt und sie spielte „Die Gedanken sind frei“ der ganzen Gruppe vor, und zwar fehlerfrei! Da hat sich der Pinkl so gefreut, da ist der Kopp einfach wie en nasser Sack zusammengeklappt. Peng, lag der Pinkl da auf den Boden. Die Kinder haben gedacht: Wat is denn mit dem los? Aber der Pinkl hat sich so gefreut, also er ist so weit in den Erregungszustand geraten, dass er ins Schlafkoma gefallen ist. Alle Muskeln erschlaffen dann kurz, und Peng, lag der Pinkl da in der Musikschule rum. Jetzt mit den Medikamenten hat er dat besser im Griff, nur hin und wieder brauch er mal en Nickerchen. Ich erinnere mich* da noch an das Scheunenfest beim Bauer Kempel im Juli 2003. Plötzlich war der Pinkl weg. Einfach so.

Der Pinkl stand eben noch am Bierwagen neben dem Heiner Kotzev, aber plötzlich war der spurlos verschwunden. Wir haben dann den ganzen Innenhof durchsucht, aber von dem Pinkl war nix zu sehen.

„Der is doch wieder irgendwo am Pennen!“, schrie die Gerda Falke noch durch den Bauernhof.

„Nee, irgendwat is verkehrt!“, sagte der Kotzev.

„Wir müssen mal bei de Maschineckes gucken."
Dann sind wir zusammen mit dem Bauer Kempel zu den Maschinen gegangen,
und der Pinkl lag doch tatsächlich in der Mähmaschine drin und hielt sein Nickerchen.
Aber alles Zerren und Ziehen mit drei Mann half nichts, der Pinkl hing in dem Zahnrad fest.
Da sagte der Ernst Gutbier,
„Lass uns mal den Sven Nilsson von der Eichenstraße holen, der Kopp von der Handball Schwedenbande, der Kopp is doch stark wie ne niederrheinische Kopfweide.", sagte er noch.
Und die Ilse Ritze is den Nilsson dann holen gegangen.
Der Sven Nilsson hat den Pinkl dann mit einem Arm aus der Verzahnung und der Mähmaschine rausgezogen, ohne datt der Kopp auch nur einmal wach geworden ist.
Ich glaub, der Pinkl wird auch nicht wach, wenn neben dem ne verschollene Bombe aus dem Zweiten Weltkrieg hochgeht. Hinterher haben wir dann alle wieder im Bauernhof am Tresen gestanden und ein Bier nach dem anderen geschluckt und der Pinkl auch. Wir haben den Kopp dann wieder und wieder erzählt, wie der Nilsson ihn aus der Mähmaschine gezogen hat.
Er wollte uns dat einfach nicht glauben!
Jedenfalls bin ich froh, datt der Sven Nilsson nicht mit dem Knuster am Diskutieren war, dem Nilsson hätte auch nur ein Arm gereicht, um die Diskutiererei zu beenden. Egal, am Ende haben sowieso alle wieder recht gehabt. Nach so einer Diskussion fühlen sich alle als Gewinner, obwohl überhaupt nicht klar ist, wo Oestrum jetzt aufhört und wo Trompet und Bergheim anfängt. Aber ich fang jetzt auch schon wieder an.
Wir saßen da jetzt mit den ganzen Köppen am Tresen, ich hoffe, Sie erinnern sich, und mir gegenüber saß der Walter Korn. Der Walter Korn hat ja dieses fiese Gilles de la Tourette Syndrom. Kennze dat?
Dat ist eine emotionale Störung aus dem Bereich der extrapyramidalen Hyperkinesien.
Der Korn kriegt immer so Ticks, dat heißt, immer wenn man den Kopp plötzlich anspricht, dann kann er nur mit einem Schimpfwort antworten. Sonst hat er seine Impulsticks ja im Griff, zum Beispiel wenn er schläft oder wenn er selber jemanden anspricht, dann verschwinden die Ticks,

aber wenn der Korn ganz plötzlich angesprochen wird, dann kann er dat nicht mehr regulieren und dann bricht es aus ihm so heraus. Betroffene mit Tourette Syndrom haben ihre Ticks manchmal gar nicht unter Kontrolle, aber der Korn kriegt dat schon ganz gut hin. Er bezeichnet die Dorfkneipe „Schäfchen“ ja immer als seinen Schonraum, weil er hier immer wunderbar seine Ticks ausleben kann und dann weniger Entladung und Impulsverhalten auf der Arbeit hat. Der Korn arbeitet nämlich bei der telefonischen Beschwerdeannahme in einem großen Baumarkt in Duisburg Zentrum. Er verschießt quasi sein ganzes Pulver im Schäfchen und kann dann im Alltag ziemlich normal mit dem Tourette umgehen. Uns Köppen macht dat ja auch nichts aus, permanent von jemandem beschimpft zu werden. Egal, jetzt saßen wir jedenfalls alle so im Schäfchen rum, ich hoffe, Sie erinnern sich, und eigentlich hatten sich alle Köppe auch wunderbar von der Oestrum Diskussion beruhigt.
Da sagte auf einmal der Pilstrinker links neben mir:
„Sag mal, hast du dat von dem Erwin Mainzer gehört, hier von der Lutherstrasse, der von de Gas-Wasser-Scheiße?“, woraufhin ich sagte,
„Nee. Wat denn?“
Sagte der Pilstrinker links:
„Dem seine älteste Tochter hat geworfen. En Mädchen. Merle heißt se!“
Sagte ich:
„Schön für den Erwin, sowat!“
Sagte der Alttrinker rechts neben mir zu mir:
„Wieso sachst du Gas-Weisser-Scheiße zu ihm?“
Sagte ich zu dem Alttrinker rechts neben mir:
„Ich? Wieso?“
Sagte der Alttrinker rechts neben mir zu mir:
„Ja, du hast doch eben Gas-Wasser-Scheiße gesagt. Hab ich doch gehört, ich bin doch nicht taub. Is der Klempner oder wat? Ich könnt nämlich gerade einen gebrauchen!“
Sagte ich zu dem Alttrinker rechts:
„Wie Klempner? Keine Ahnung, wat der so macht. Ich hab auch nich Gas-Wasser-Scheiße jesacht! Ich glaub der hat mich etwas gefragt, aber ich habe nix gesacht mit Gas-Wasser-Scheiße.“
Sagte der Alttrinker rechts neben mir:
„Ach so. Aber wat is denn mit Gas-Wasser-Scheiße?“
Sagte ich zu dem Alttrinker rechts:

„Ich hab überhaupt nix gesacht, weder mit Gas-Wasser-Scheiße noch etwas mit Klempner oder sowat. Der da links hat irgendwat von jemand anderen erzählt."
Und ich zeigte mit dem Finger auf den Pilstrinker links neben mir.
Rief ich noch zu dem Walter Korn rüber:
„Walter, hast du mitgekriegt, wat der links neben mir genau gesagt hat?"
Schrie der Korn durch den Laden:
„Du Arschwabe!"
Sagte der Alttrinker rechts neben mir zu mir:
„Na wat nu? Bist du denn jetzt der Klempner oder wat? Oder wer jetzt genau? Ich könnt nämlich gerade einen gebrauchen!"
Sagte ich zu dem Alttrinker rechts:
„Wer sacht dat denn, datt ich Klempner sei oder vonne Gas-Wasser-Scheiße?"
Sagte der Alttrinker rechts:
„Na ich mein, der da drüben links hat doch jesagt du wärst Klempner! Oder verstehe ich dat jetzt falsch?"
Sagte ich zum Alttrinker rechts:
„Ich weiß jetzt mittlerweile überhaupt gar nicht mehr, wer wat jesagt hat. Der hat nich über mich vertellt. Ich bin jedenfalls kein Klempner. Steffen Kersken bin ich."
Sagte der Alttrinker rechts neben mir zu mir:
„Ah so. Aber wieso stellst du Kästen her?"
Sagte ich zu dem Alttrinker rechts:
„Kästen? Wat für Kästen denn? Du bist ja wohl taub! Ich hab jesagt, datt ich Steffen Kersken bin. Kersken, nicht Kästen."
Sagte der Alttrinker rechts neben mir zu mir:
„Ach, der Schreiberling* drüben von Oestrum. So is dat. Aber woher weißt du, datt der Gas-Wasser-Scheiße macht?"
Und er zeigte mit dem Finger auf den Pilstrinker links neben mir.
Sagte ich zu dem Alttrinker rechts:
„Ich hab das nie jesagt. Wenn, dann hat der mir irgendwat von Gas-Wasser-Scheiße erzählt. Ich habe wirkliche keine Ahnung, wat der Kopp so beruflich treibt!"
Rief der Alttrinker rechts zum Walter Korn rüber:
„Weißt du, ob der Kopp links Gas-Wasser-Scheiße macht?"
Schrie der Korn durch den Laden:

„Du Kotzkanone!“
Rief der Alttrinker rechts nochmal zum Walter Korn rüber:
„Walter, weißt du denn vielleicht überhaupt, wat der Kopp so macht? Oder kennst du zufällig 'nen Klempner, ich könnt nämlich gerade einen gebrauchen!“
Schrie der Korn durch den Laden:
„Du Pausenkiffer!“
Sagte ich zum Pilstrinker links neben mir:
„Sag mal, machst du Gas-Wasser-Scheiße?“
Sagte der Pilstrinker links zu mir:
„Ich? Wie kommst de denn auf so wat? Nee, ich bin Fliesenleger!“
Sagte ich zum Alttrinker rechts neben mir:
„Da hast et gehört, er is Fliesenleger.“
Sagte der Alttrinker rechts neben mir zu dem Pilstrinker links neben mir:
„Wieso legst du denn Fliesen bei ihm, ich dachte du wärst Gas-Wasser-Scheiße?“
Sagte der Pilstrinker links neben mir:
„Wieso mach ich Gas-Wasser-Scheiße? Ich hab dat nie behauptet. Korn, hast du dem Kopp dat erzählt?“
Schrie der Korn durch den Laden:
„Du Hafenpenner!“
Sagte der Pilstrinker links neben mir:
„Aber er legt Fliesen bei dir oder wat?“
Sagte ich zu dem Pilstrinker links:
„Nee. Der macht gar nix bei mir. Ich weiß auch nicht warum der irgendwat bei mir machen sollte!“
Sagte der Pilstrinker links:
„Hattest du nicht jesacht, er würd Fliesen legen? Korn, du hast dat doch auch so verstanden, oder?“
Schrie der Korn durch den Laden:
„Du Sitzenbleiber!“
Sagte ich zu dem Alttrinker rechts:
„Fliesenlegen machst du von Beruf oder wat? Hab ich dat ja richtig verstanden, oder?“
Sagte der Alttrinker rechts:
„Ja klar, ich hab auch nie wat anderes behauptet!“
Sagte ich zu dem Pilstrinker links neben mir:

„Siehsse*. Der Kopp rechts ist Fliesenleger von Beruf!“
Sagte der Pilstrinker links neben mir:
„Ah so. Aber wer legt denn jetzt die Fliesen bei dir? Korn, du? Oder wat?“
Schrie der Korn den Laden:
„Du Klappspaten!“
Sagte ich zu dem Pilstrinker:
„Keiner legt bei mir Fliesen. Niemand legt überhaupt Fliesen bei irgendeinem Kopp! Dat ganze is ein einziges Missverständnis! Wir Köppe reden hier seit einer Stunde aneinander vorbei, ohne datt irgendwat Sinnvolles dabei rum gekommen wäre!“
Sagte der Pilstrinker links neben mir:
„Dat is Ansichtssache!“
Stille.
Raimond stellte uns in dieser Stille immer volle Gläser hin und er fragte
„Korn, willst du auch noch eins?“
Schrie der Korn durch den Laden:
„Ihr Dorfzuhälter!“

Wir kommen nun zum nächsten Typ der Gattung Niederrheiner, dem Typus B.

Kategorie B

Das Lexikon würde den Typus B wie folgt umschreiben:
Meist rundlich, korkige Figur, rote Gesichtsfarbe, oft Halbkranzfrisur.
Ausprägung für diesen Typus:
Der Typ B gehört nicht zu den unauffälligen Personen und auch nicht zu den auffälligen Menschen, wobei er auch viel lachen kann und in Partylaune durchaus laut ist. Dieser Niederrheiner wird durch seine Geselligkeit ausgezeichnet, denn überall, wo es gutes Essen und Trinken gibt, da findet man den Typ B. Der männliche Typus geht gerne in Kaschemmen* und Kneipen und trinkt sich einen mit seinen Kumpels, er macht ein Scherzchen nach dem anderen, kann aber auch mal zurechtweisen und seinen Kneipenkumpels die Leviten lesen. Der Typ B steht nämlich über den Dingen. In Fachkreisen wird der Typus B auch Thekenzecke genannt, da er sich an der Theke über mehrere Tage einnisten kann und das Bier in regelmäßiger Schlagzahl wegsaugt.
Freunde geben dem Typus B gerne lustige Spitznamen, wie „Langen“, „Shorty“, „Bolle“, „Vadder“, „Hübi“ oder „Schnitte“, und zwar in Anlehnung an seine witzige Überrolle.
Manchmal führt der Typ B auch Wurst- mit sich oder Käsewaren, die er auf seinen Reisen mitgebracht hat, und er verteilt die Köstlichkeiten an die Mitgenießer. Er ist Frauen nicht abgeneigt und er sieht etwas bauchig aus oder er hat sogar eine korkige Figur. Der Typus trägt einen leicht roten Teint im Gesicht, der vom häufigen Genuss zeugt. Wenn der Typus B genervt ist oder er sich in einer langen nüchternen Phase befindet, zeigt er sich wenig gesprächig. Er reduziert dann seinen Wortschatz auf Wörtchen und Sätzchen wie:
„Juuut.“
„Weiß ich Bescheid!“
„Von mir aus!“
„Is klar!“

Aus psychologischer Sicht ist der Typ B ein Fassadenkletterer, der Gefühle hinter seiner lockeren, witzigen Art versteckt. Er ist also ein guter und immer lächelnder Schauspieler. Der Typ B ist „Hans Dampf in allen Gassen“, immer für alle da, Animateur und Thekenclown, der versucht

allerseits Harmonie herzustellen. Oft bewertet man den Typus B wie folgt:
„Den haut so schnell keiner um!“
„Immer gut drupp, egal wat kommt!“
„Dat is en Fels inne Brandung!“
Und der Typ B sieht sich selbst genauso und er tut alles, um die Fassade des Sunnyboys aufrechtzuerhalten. Er überspielt schlechte Laune, um eine Party nicht zu verderben und Typ B versucht immer gut dar zustehen, was ihm auf Dauer natürlich an die eigene Substanz geht. Die Folge sind Genervtsein und das Reduzieren von Sätzen auf Wortfetzen, eben die niederrheinisch orientierte Sprechweise*.

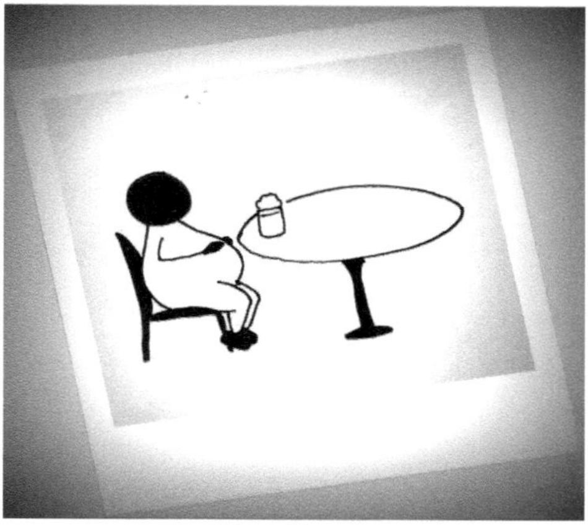

Der Typ B

Thekenzecke, Genussmensch, Fassadenkletterer und Thekenclown, der Hans Dampf in allen Gassen, der Spaßmacher

Der weibliche Typ B ist weniger ein Clown, aber sie macht gerne Witze und ist lebensbejahend. Sie ist aber ebenfalls eine Fassadenkletterin, denn dieser Typus schafft es, sich ideal in Gruppen und an Situationen anzupassen, vielleicht auch deshalb, weil sie schlecht „Nein“ sagen kann. Der weibliche Typ B ist von der Figur her gerne weiblich rund ausgeprägt und grundsätzlich bei Mitmenschen beliebt. Bei ihr ist der Charlie Chaplin Gang* besonders ausgeprägt! Kennze den niederrheinischen Chaplin Gang? Nein? Wenn Frauen z.B. über den Weihnachtsmarkt gehen und sie

dabei das Tempo fast bis zum Stehen drosseln, aber nur fast, und der Kopf dabei von Stand zu Stand nach links und rechts fällt, um auch ja alle Verkaufsgüter gut abzuscannen! Die Beine drehen sich dabei von den Innenseiten her nach außen, bei den Füßen setzt eine schlenderartige Bewegung ein und die Arme werden in 90 Grad Position gestellt, um Tüten und Handtaschen gut zu positionieren.
Der Mann läuft dabei hinter der Frau her, wobei er sich nicht die Waren anschaut, sondern er beobachtet sein Weiblein und denkt:
„Meine Güte, hoffentlich sind wir bald mal am Glühweinstand angekommen!“

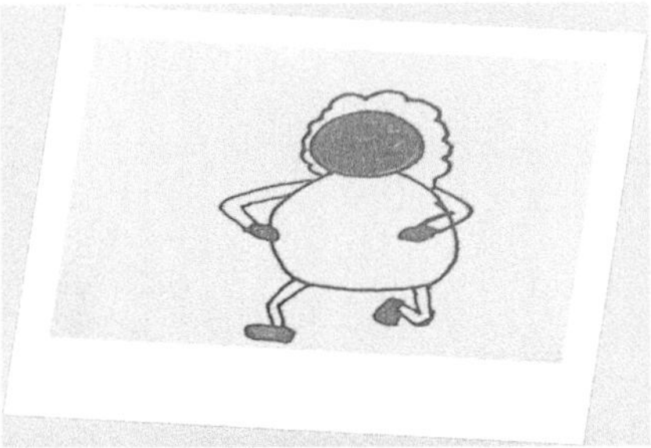

Typ B weiblich
Niederrheinischer Charlie Chaplin Gang

Grundsätzlich kann man mit dem männlichen wie weiblichen Typen sämtliche Pferde stehlen, die es zu stehlen gibt. Kein anderer Typ entwickelt so viele skurrile Ideen wie er! Da habe ich ein kleines Beispiel für dich:
An dieser Stelle möchte ich dir „Rolle“ aus Bergheim neben Trompet vorstellen. „Rolle“ war zusammen mit Bernie und Willy in Ulis Musikraum in Asterlagen.
Rolle entwickelte in dieser Nacht die irrsinnige Idee, alle Neubauten im Wohngebiet um Oestrum zu stoppen.
Oestrum wurde eigentlich noch vor drei Jahren von schönen Wiesen umschlossen und die einzigen Geräusche, die zu hören waren, entglitten den grasenden Schafen. Diese Idylle wurde aber nun von Jungfamilien entdeckt, und diese netten Menschen wollten sich hier im schönen Oestrum niederlassen, um ein Haus für ihre Lieben zu bauen. Aus der Idylle wurde ein Neubaugebiet mit modernen Einfamilienhäusern.

„Rolle“ gefiel das nicht! Er wollte lieber Wiese und Schafe, aber anstatt eine Petition zu verfassen, wie es vielleicht jeder andere gemacht hätte, entwickelte „Rolle“ eine andere Idee. Nach dem Genuss des fünften Altbieres und dem kompletten Genesis „Nursery Crime“ Album polterte es aus „Rolle“ heraus:
„Gib ma ne alte Münze vonne Oppa, Uli. Und die Vinyl Platte von Genesis - Lamb Lies down on Broadway. Ich hab 'ne Idee!“
„Rolle“ hatte ne Idee! Uli wunderte sich nicht besonders darüber, denn „Rolle“ hatte hin und wieder eine Idee, und er gab ihm die alte Münze von Oppa und das Vinylalbum von Genesis aus dem Jahre 1974. Uli hat nämlich einen Musikraum gefüllt mit wunderbaren Musikschätzen und er besitzt noch die guten, alten Schallplatten und einen Schallplattenspieler.
Ein wenig Aufklärung für die junge Generation:
Im Jahre 1857 wurde die Schallplatte, also Vinyl, erfunden. Eine Platte die vom Mittelpunkt bis zum Rand mit spiralförmigen Rillen belegt ist. Die Platte wird dann von einem Tonabnehmer ausgelenkt, das ist der sogenannte Plattenspieler. Die entstehenden Schallsignale werden dann von einem Schalltrichter und einer Membran in hörbare Töne umgewandelt. Die Schalltrichter nennt man Boxen, die vornehmlich aus Holz gebaut werden.
Jedenfalls hatte „Rolle“ ja 'ne Idee!
Auf der alten Münze war ein griechischer Krieger eingraviert, diese Gravur gewann Oppa mal mit Hilfe eines Rätselheftes. Oppa machte später nämlich nichts anderes mehr, als Rätselhefte zu lösen und die Lösungen dann einzuschicken. Mit dieser Methodik gewann Oppa reichlich Schund und eben diese Münze. Bernie, Uli, „Rolle“ und Willy gingen nun bei dieser Nacht- und Nebelaktion in das Oestrumer Neubaugebiet und sie waren mit Taschenlampe und Sparten bewaffnet. Das Genesis Album wurde mitten in der Baustelle eines Neubaues in zwei Metern Tiefe vergraben und die Münze in einem Meter Tiefe. Ein perfekter Schachzug von „Rolle“! Die Arbeit war getan und die Jungs verbrachten den Rest der Nacht wieder in Ulis Musikraum. Nach dem fünften Altbier fielen „Rolle“ wieder seine alten Geschichtskenntnisse über das Rhein- und Ruhrgebiet ein. Durch Oestrum floss nämlich im 5. Jahrhundert ein Rheinarm, und viele römische Siedlungen gründeten sich entlang des Flusses von Duisburg nach Oestrum. Ausgrabungen brachten immer wieder neue Erkenntnisse über das Zusammenleben der Römer.

Die Jungs waren gerade ins Bett gegangen, als ein Bauarbeiter auf der Baustelle Oppas Münze entdeckte. Er dachte sich:
„Dat können doch nur die alten Römerkes gewesen sein!“, und er rief schnellstens bei der Stadt Duisburg an. Die Stadt war so nett und sperrte das Neubaugebiet ab, sie stoppte sämtliche Bauarbeiten und sie ließ ein Ausgrabungsteam aus Xanten anreisen. Die Forscher entdeckten am dritten Tag eine seltsame Vinylplatte in zwei Meter Tiefe! Römermünzen und Genesis Alben? Wie passt das zusammen?
Fragen, die nie geklärt werden konnten, und die Presse titelte:
„Baustopp im Neubaugebiet – In Oestrum sorgen mittelalterliche Funde für Aufsehen!“
Das Labor datierte die Münze jedoch auf die Zeit Anfang des 21. Jahrhundert.
Die Ausgrabung war somit ein Griff ins Klo, die Bauarbeiten um zwei Wochen unterbrochen und das Ausgrabungsteam fuhr entnervt zurück nach Xanten. Die Presse witzelte darüber, aber „Rolle“ ließ sich in der Dorfkneipe „Schäfchen“ feiern und alle Köppe waren sich einig, nämlich das fünf Altbier und „Nursery Crime“ zu den irrsinnigsten und besten Ideen führen!
Der Typ B ist als Partyclown gern gesehen, aber er besitzt auch eine dunkle Seite der Macht, um es mit Star Wars auszudrücken. Genau dann, wenn der Fassadenkletterer merkt, dass seine Fassade einfach zu anstrengend ist. Immer der Sunnyboy zu sein, das führt dann auch mal zwangsweise zu Phasen, in denen er auf Krawall gebürstet ist. Der Psychologe spricht beim Typ B dann von passiver Aggressivität, bzw. der passiven-aggressiven Persönlichkeitsstörung.
Diese Störung zeigt ein Trotzverhalten, so wie man es von Teenagern kennt, und ich könnte es durchaus als albernes Verhalten bezeichnen. Immer wenn eine Person übermäßig in die Pflicht genommen wird, baut sie dabei kleine passive Widerstände auf. Die erste Diagnostik der passiven-aggressiven Persönlichkeitsstörung entstand im Übrigen im Zweiten Weltkrieg, als Soldaten den Fronteinsatz verweigerten! Der Betroffene projiziert häufig eigene Enttäuschung, fehlendes Selbstwertgefühl, Scheitern oder Nichtverstandenwerden auf seine Umwelt. Der Typ B befindet sich dadurch natürlich in einer Zwickmühle, denn er ist ein Fassadenkletterer, ein Partyclown, der Typ B lässt sich nicht in die Karten schauen, wodurch er auch nie richtig verstanden wird.

Er ist ja der Fels in der Brandung, der „Hans Dampf in allen Gassen“, er ist immer gut drupp! Er lässt diese Aggressivität besonders gerne an Autoritäten und erfolgreichen Menschen ab. Auf der dunklen Seite der Macht neigt der Typ B zu einer starken Ausprägung dieser Störung.
Ein Beispiel:
Ich erinnere mich da an eine Taxifahrt im Jahre 2010. Wolle und ich waren nach einem Peter Gabriel Konzert in Köln noch auf einem Geburtstag in einer Kneipe eingeladen. Der Laden hieß „L und L“ und für uns Dorfleute sagte dieser Buchstabe nichts Besonderes aus. Unser Fahrer hieß „Knolle“ und kam ursprünglich aus Wesel, wie sein Ausweis am Armaturenbrett verriet. „Knolle“ stellte sich uns mit diesem Namen vor und ich dachte noch:
„Jo. Typ B!“.
Knolle war etwas bauchig, hatte rote Bäckchen und er schien wegen seiner Nachtschicht in eine niederrheinisch, orientierten Phase* verfallen zu sein!
Ich fragte ihn:
„Du hömma, wat spielen die denn so im „L und L“ für Musik?“
„Jute Musik!“, antwortete er.
„Ja gut, aber wat für welche denn? Rock, RNB oder Popmusik?“.
„Jute Musik!“ Es folgte eine kurze, stille Pause, dann fragte ich ihn erneut:
„Und wo kann man hier später noch hin gehen, also gibt et hier nen guten Club?“.
„Ja!“, wieder gab es eine kurze, stille Pause.
„Und wo?“, hakte ich nach.
„Hier anne Brücke haben se gestern nen neuen Club aufgemacht. Da war gestern Eröffnung, da hab ich viel Gäste hingefahren.“
„Okay, und was spielen die da für Musik?“.
Kurze, stille Pause.
„Jute Musik!“.
Ich drehte mich verzweifelt zu Wolle nach hinten um und wir konnten uns kein Grinsen verkneifen.
„Spielen die da neue Sachen, ältere Musik oder Techno? Also Techno mögen wir nämlich gar nicht!“, fragte ich hartnäckig.
Kurze, stille Pause. Eine weitere kurze Pause erfolgte.
„Wat weiß ich. Gedöns eben. So jute Musik eben, wat jut is halt!“

Ich grinste in mich hinein.
„Okay. Wie heißt der Laden denn an der Brücke?", fragte ich.
Pause.
„Wat weiß ich?", rülpste Knolle.
Ich nickte still und entschied mich, nicht weiter darauf einzugehen. „Eindeutig Typ B der genervt ist!", dachte ich so vor mich hin. Eigentlich ein netter Typ, aber genervt ist er unausstehlich.
„Wie sieht es denn mit dem „L und L" aus? Was ist das denn für ein Laden?", fragte ich in eine andere Richtung nach.
„Ja jut. Ne Kneipe eben. Spielen se Musik."
Pause.
„Wat wollt ihr zwei Vögel eigentlich im „L und L"?", blitze es aus ihm heraus.
„Wieso? Was ist denn mit dem „L und L". Ist das Ding so ein Alternativ-Laden? Das mögen wir. Oder warum fragen Sie? Die spielen doch da jute Musik oder nicht?", scherzte ich.
„Nur so. Ich wollt nur wissen, wat ihr beide da wollt. Aber Musik spielen die da auch, da hasse recht!". Wir zogen es vor bis zur Ankunft die Pause auszudehnen, da ein vernünftiges Gespräch wohl nicht zu Stande gekommen wäre. Wolle hatte sowieso nichts gesagt, aber er ist ja auch Typ A.
Beim Rausgehen drückte mir Knolle noch seine Visitenkarte in die Hand.
„Wenn ihr fahren wollt, ruft an. Ich komm euch dann abholen", und er lächelte uns an, als wollte er uns irgendetwas versteckt mitteilen.
„Ganz bestimmt rufen wir gerade Sie an!", schmunzelte ich.
Das „L und L" war eine Studentenszenekneipe im Retrostil mit einer schönen Halbtheke, die im düsteren Licht eingehüllt lag. Im gesamten Raum lag leichter weißer Dunst, denn es wurde überall geraucht, und nicht zu knapp!
Die Leute vor der Theke und das Personal waren legere alternativ gekleidet.
„Super Laden!", rief mir Wolle zu.
Vor der Halbtheke feierten wir dann mit einer Bekannten zusammen ihren Geburtstag. Wir wunderten uns zunächst nicht darüber, dass wir an diesem Abend die einzigen Männer in dem Laden waren und bis auf wenige Ausnahmen die Frauen doch recht burschikos wirkten. Nach einigen Longdrinks wurde die Stimmung ausgelassener und mein Blick schweifte

durch den Laden, während Wolle die Arbeit aufnahm und sich an der Theke flirtend mit einem Mädel unterhielt. Im hinteren Raum der Kneipe konnte ich durch den Dunst hindurch vier Mädels beobachten, die Billard spielten und sich hin und wieder zärtlich berührten. Neben dem Billardtisch gab es eine Sitznische, in der zwei Mädels eng umschlungen an sich herum fummelten.
„Ziemlich viel Lesben hier!“, dachte ich noch.
„Stört mich nicht!“, dachte ich noch und drehte mich zu Wolle um.
Ich flüsterte ihm über die Schulter zu,
„Wolle! Der Laden hier, irgendwat is komisch. Hier sind irgendwie wenig Heteros...“, aber Wolle schüttelte den Kopf.
„Stör mich jetzt nicht, du siehst doch, ich bin hier am Arbeiten!“, und er drehte sich wieder dem Mädel zu. In dem Moment fiel mir auf, dass wir die einzigen Männer in dem Laden waren. Ich fragte das Geburtstagskind im Vorbeigehen:
„Du sach ma, wat is dat denn hier fürn Laden? Der Taxifahrer hat gesacht, hier wird jute Musik gespielt, aber mehr hat der nicht verraten!“
„Ach so. Naja viele meiner Freundinnen sind lesbisch, deshalb feiern wir hier. Schon mal was von der Filmserie „The L - Word“ gehört?“, fragte sie.
„Gehört.“, sagte ich und runzelte die Stirn.
„Na L für lesbisch eben!“, grinste sie.
Der Groschen war gefallen und ich wandte mich wieder Wolle zu, welcher schon sehr nahe an seine Gesprächspartnerin gerückt war.
„Wolle!“, flüsterte ich wieder über seine Schulter.
„Wat is denn noch? Ich arbeite! Verstehst du dat denn nicht?“
„Dat sind hier alles keine Heteros! Du arbeitest für lau! Da wird nichts bei rumkommen! Vorne am Billardtisch knutschen schon die Mädels!“
„A wat. Dat Mädel hier und ich sind auf einer Wellenlänge. Lass die da drüben nur lesbisch sein, hier entwickelt sich was! Ich spüre dat!“
„So, so. Da entwickelt sich was! Ich würde sagen, dat Mädel ist einfach nur nett, aber trotzdem lesbisch! Nett, aber lesbisch! Verstehsse?“
„Das Gespräch verläuft gerade aber ganz anders. Lass mich mal machen. Dat klappt schon, wirste sehen!“
„Wolle,“, wandte ich ein,
„Kennst du eigentlich die Serie „The L - Word“?“
„Ich will jetzt nicht über dat blöde Fernsehen reden. Nu lass mich mal in

Ruhe arbeiten!“, antwortete Wolle ein letztes mal.
Ich entschied Wolle arbeiten zu lassen und ich widmete mich wieder meinem Longdrink. Der weiße Dunst wirbelte umher, als ein weiteres lesbisches Pärchen durch die Türe die Kneipe betrat. Aber Wolle hatte nur Augen für seine Gesprächspartnerin. Gerade als Wolle sein hübschestes Lächeln aufsetzte, kam ein blondes Mädel vom WC und hielt bei den beiden an:
„Na Schatz, machst du wieder die Männer verrückt?“, und sie gab Wolles Gesprächspartnerin einen dicken Kuss und danach ging sie wortlos Richtung Billardtisch. Wolle runzelte die Stirn und drehte sich zu mir um,
„Ich glaub du hast recht. Irgendwat ist hier anders im Laden. Ich glaub L steht für lesbisch!“
„A wat. Is der Groschen endlich gefallen? Wat dachtest du denn? „L und L“ für Loddar Matthäus oder wat? Ich wollt dir die janze Zeit sagen, was „The L Word“ bedeutet, aber der Hörr war ja am Arbeiten!“, grinste ich.
Natürlich unterhielten wir uns noch weiter nett mit den Mädels im „L und L“, aber irgendwie wollten wir dann doch noch weiterziehen. Ich zog die Visitenkarte von „Knolle“ aus der Tasche und hielt sie zu Wolle,
„Ungern, aber et bleiben nicht mehr viel Möglichkeiten!“
Und so fuhr „Knolle“ zehn Minuten später mit seinem Taxi vor dem „L und L“ vor.
„Na ihr beiden Vögel! Habt ihr Spaß gehabt im „L und L“!“, grinste er uns an.
„Sie hätten da ruhig mal was sagen können!“, erwiderte ich beim einsteigen.
„Warum? Ihr wolltet doch da hin. Außerdem hätte ich dann nich so'n Spaß gehabt, wie ich ihn jetzt habe. Ihr zwei Vögel!“, lachte er.
„Ja, ja. Sie sind auch so'n Typ B wa? Sie lassen ihren Ärger an uns aus, aber wenn et hilft! Gern geschehen. “
„Und wo soll ich euch zwei Vögel jetzt hinbringen?“
„Fahr uns mal zur Brücke, da wo jute Musik gespielt wird!“
„Jo! Jute Musik!“, lachte „Knolle“ und er fuhr los.
Da kann ich nur sagen: Typ B, die dunkle Seite der Macht, begegnet ihm besser nur als Partyclown, also auf der guten Seite der Macht!

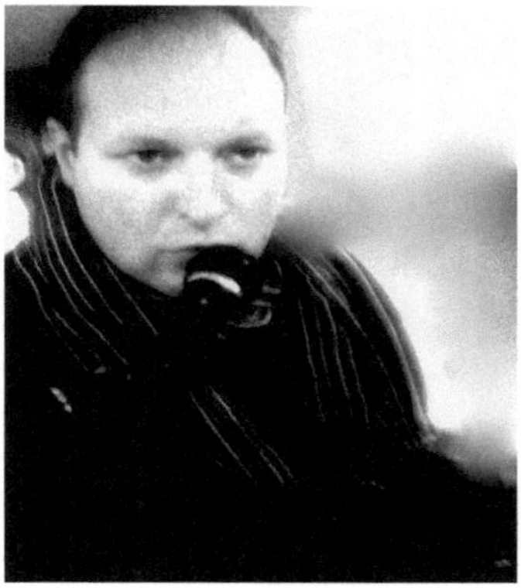

2012 live

Wir fragen uns oft: „Wie kann ich eigentlich Veränderung herbei führen?“. Oft stehen wir vor einem großen Berg und meinen, wir müssten wer weiß was in unserem Leben verändern, damit wir ein Ziel verfolgen können oder wir zufriedener sind. Das Geheimnis besteht aber darin, durch kleine Veränderungen im Alltag für sich selbst Großes zu bewirken. Das Prinzip gilt auch für große philosophische Fragen: Ich kann zwar nicht den Frieden in Afrika verhindern, aber den Flüchtlingen hier alte Kleidung von mir spenden. Ich kann zwar keine Krankheiten heilen, aber einen Beruf wählen, um kranken Menschen zu helfen.

Et muss ja nix Großes sein

Et muss ja nix Großes sein
Sagt dat Mädel zu mir
An ne Theke in der Altstadt von Düsseldorf

Nur so'ne Kleinigkeit
Wissen se Herr Kersken
Keine große Reform
Wo Arm zu Reich wird
Oder ne Revolution für Menschenrechte
Nee, nix Großes
Nur so wat Kleines
Wat die Seele strahlen lässt

So wie
Wenn jeder en Baum pflanzt
Oder jeder einen Euro im Monat
Für die Armut der Welt in eine Kasse einzahlt
So wat Kleines eben

Keinen Aufstand gegen Atomwaffen
Oder sämtliche Kriegsführer zwangsentwaffnen
Man kann auch die Kriege nicht verbieten
Und die Moslems die Christen bekehren lassen
Und datt die Christen die Moslems umpolen
Dat geht eben nicht
Wir können auch den Frieden nicht
Ärztlich verschreiben
Die Ölindustrie abschaffen und mit
Hybridautos durch die Städte brausen

Ich weiß
Et is unrealistisch zu sagen
Wir führen eine Einheitssprache ein
Und lassen alle Grenzen fallen
Damit alle Menschen gleich sind

Oder wir stellen die Tiere unter Artenschutz

Ich weiß
Mein Traum ist zu groß
Und die Menschen sind zu klein dafür
Aber et muss ja nix Großes sein
Nur so wat Kleines

Wenn wir den Kindern in der Schule von Liebe und Frieden erzählen
Wenn wir den Rassisten ein Bild nicht in schwarz und weiß
Sondern in bunt malen
Einem Vogel eine Zuhause schenken
Und jedem eine Blume ins Herz verpflanzen
Dann mit dem Fahrrad die Welt umfahren
Et bis in die letzte Ecke schreien damit
Der Allerletzte es erfährt
Und bis zum Schluss die Liebe leben

Aber Herr Kersken
Ist dat schon wieder zu groß für den Menschen?

Et muss ja nix großes sein
Wat wir tun könnten
Sagt dat Mädel zu mir
An ne Theke in der Altstadt von Düsseldorf
Nur so'ne Kleinigkeit
Wat weiß ich wat, dat is
Sie wissen doch so viel, Herr Kersken
Sagen se uns doch wat

Guck ich se mit bunten Augen an
Und sach
Wat genau
Weiß ich nicht
Aber dat is ja nich unser Bier
Dat sollen de Politiker sich von der Wirtschaft diktieren lassen und dem

Jemeinem Volke über die Medien präsentieren
Aber wenn eine Kleinigkeit jut ist
Wie du behauptest
Dann sollten die Menschen wohl endlich
Aufhören
Groß zu denken!
Mehr fällt mir jetzt auch nicht ein

Es ist nicht leicht, eine Liebe zu finden
Aber es ist schwerer, sie zu bewahren

Flusskrebse

Es saßen zwei Flusskrebse am Rhein
Und betranken sich mit einer Flasche Wein

Im Schatten von rauchenden Türmen
Versuchten sie ein Stück Glück zu erstürmen

Es war nicht leicht sich im Rhein zu finden
Und vor Problemen des Alltags zu entschwinden

Ihre Liebe war ein frisches Rosengebinde
Doch die Zukunft verstreut im stürmenden Winde

Mit der Flut verschwanden sie im Fluss
In ihrer Erinnerung schwelgt ein süßer Kuss

Zurück am Ufer blieb die Flasche Wein
Bestrahlt vom Licht des Abendschein

Die Geschichte vom Vogel, der sich in den Regenwurm verliebt hatte

Ich weiß noch, wie ich im Juli im Garten stand und den Komposthaufen umgegraben habe, als plötzlich dieses kleine Rotkehlchen vor mir stand.
„Du Steffen, weist du, wat mir passiert is?“
Sie müssen nämlich wissen, nachdem ich mal eines Abends bei uns in Oestrum vom Charly aus der Kneipe kam, da konnte ich plötzlich die Vogelsprache.
Fragen sie mich nicht warum, aber et war so. Und weil bei uns am Niederrhein auch alle Vögel Plattdui sprechen, unterhalten wir uns ab und an.
„Nee“ sag ich noch so,
„Wat is denn passiert?“
„Ich bin verliebt“
„Ach was.“
„Ja“
Das Kehlchen strahlte ganz rot!
„Wer is denn der Glückliche?“
„Ich weiß nicht wie der heißt, aber der ist so hübsch!“
„Na das ist ja ne`n Ding. Aber du musst doch wissen, wie der heißt!“
„Nein. Wir sprechen nicht miteinander.“
„Wie, ihr sprecht nicht miteinander? Du sprichst doch auch mit mir, wofür hast du schließlich deinen Schnabel?“
„Ja. Wir gucken uns immer nur an!“
„Dat is aber komisch. Na, wie sieht er denn aus, dat musst du doch wissen, wenn du ihn immer anguckst.“
„Braun gebrannt und unheimlich schmal.“
„Schmal, so so. Und was für ne Augenfarbe?“
„Augen hat er nicht“
„Wie Augen hat er nicht?“, sag ich da noch
“Nee, ich hab noch keine gesehen.“
“Wat, du hast keine Augen gesehen? En blinder Vogel, dat is ja schrecklich?“
„Nee, nee. Dat is kein Vogel!“
“Wie dat is kein Vogel”

„Dat is en Regenwurm"
„Sag mir nicht, du hast dich in en Regenwurm verliebt?"
„Scheint so."
„Ich glaub et nicht. Wie dat denn?" frag ich so
„Ja, ich bin da so über die Wiese geflogen, weißt de, da hinten in Trompet. Da wo der Bahnhof langgeht, kurz bevor et über die Brücke geht, weißt de, die se jetzt wegen Einsturzgefahr einspurig gemacht haben. Ja, da saßen wir uns plötzlich gegenüber. Keiner hat wat gesagt, aber angestarrt haben wir uns. Keiner konnte sich irgendwie bewegen, so haben wir uns dann wohl ineinander verguckt." sagt sie da ganz trocken.
„Keiner hat sich bewegt, na weil der Schiss vor dir hatte. Vögel fressen Würmer!"
„Nein, dat war wat ganz anderes, glaub mir dat. Ich hab sofort diese Energie zwischen uns gespürt, wie heißt dat noch, sag schnell, mir liegt et im Schnabel, Ionen. Ionen sind zwischen uns geflossen. Weißt de, wie so ein unsichtbarer, elektrischer Fluss. Nur voller Liebe, wie so Magie!"
„Ich glaub et nicht."
„Doch. Seitdem flieg ich jeden Tag da rüber, aber wir gucken uns immer nur an. Ich fresse auch schon gar keine Regenwürmer mehr, so schlimm hat es mich erwischt. Stell dir dat mal vor, immer nur Glühwürmchen und so ne`n Kram zu futtern. Guck mal, leuchtet mein Popo schon?" und hebt das Gefieder hoch.
„En Bisschen."
„Nur wat soll ich jetzt machen. Ich hab schon überlegt, mir den mit ins Nest zu holen, aber dat kann ich nicht machen, der braucht ja seine Wiese."
„Dat stimmt."
„Ich weiß da nicht mehr weiter, weißt du nicht wat, du hasst et doch so mit den Liebesgedichten und so'n Jedöns!"
„Dann musst du eben in die Wiese ziehen, um bei ihm zu sein. Ich meine, stell dir mal vor, der Kopp wird einfach von anderen Vögeln gefressen."
„Dat könnt ich nicht ertragen. Du hast recht, da muss ich auf ihn aufpassen, ich mein so ne`n Wurm, der hat ja nix im Kopp"
„Dat sag mal nicht, wat die alles können. Die können sich zerteilen, ohne datt se kaputt gehen."
„Hör auf, wie schrecklich. Dat kann man doch keinem Kopp erzählen, so Geschichten."

„Ja, irgendwie musst du doch mal zu Rande kommen. Ich mein, sprich doch mal mit ihm. Du kannst doch auch nicht den ganzen Tag da auf der Wiese sitzen und auf ihn aufpassen. Dat geht doch nicht, du musst doch auch mal en Biscken leben. Ich mein, ein Leben für die Liebe in Ehren, aber...“

„Du hast ja recht. Aber wat soll ich denn machen. Ich lieb dat Würmchen doch so.“

„Dann friss et doch einfach. Ich mein, er kann nicht in deiner Welt leben, du nicht in seiner. Dann friss en auf, dann hast de ihn wenigstens immer bei dir. Er ist dann quasi ein Teil von dir und gesprochen habt ihr ja eh nie miteinander. Und du brauchst dann auch nicht mehr die ganze Zeit Glühwürmchen futtern!“

„Ich lass et mir mal durch den Kopf gehen. Liebe geht ja auch durch den Magen, sagt man, und ich hab schon lang nicht mehr so wat hübsches gefuttert.“

„Siehsse.“

Schwupps, war das Rotkehlchen auch schon wieder im Himmel verschwunden. Was nun aus dem Wurm und dem Vogel geworden ist, die sich immer nur anstarrten und zwischen denen ein unsichtbarer, elektrischer Fluss aus Liebe floss, ich weiß es nicht. Jedenfalls habe ich in Oestrum und Umgebung kein Rotkehlchen mehr mit leuchtendem Popo gesehen.

Depression und Burnout

Wir finden für uns heutzutage immer schwieriger einen Rückzugsort, wo wir Gedanken und Gefühle sondieren und wo wir Stress abbauen können. Die Psychologen nennen das „sich Inseln zu schaffen“. Was bedeutet Insel in der Psychologie? Unser Alltag ist wie ein aufgewühltes Meer und wir schwimmen darin wie ein Stück Treibgut, wir sind vollends in Bewegung. Wir haben das Gefühl, hilflos umher zu treiben und keinen Einfluss darauf zu besitzen, wohin die Wellen uns drücken, schieben oder an Land spülen. Es ist wichtig, dass wir uns so viele Inseln wie möglich schaffen und wir

uns öfter mal vom Meer an diese Inseln anspülen lassen. Je mehr Inseln wir uns schaffen, umso größer ist die Chance, an Land gespült zu werden. Inseln sind Ressourcen, mit denen wir Stress im Alltag und Abhängigkeiten entgehen können. Sie bieten uns Raum zum Luftholen, festen Boden unter den Füßen zu finden und sie bieten uns einen Ausweg aus dem aufgewühlten Meer.
Inseln können Hobbys sein, Liebe und Partnerschaft, Sport oder andere Leidenschaften.
Inseln helfen, uns unabhängiger zu machen und uns auch über andere Dinge als Arbeit und Status zu definieren. Wir finden uns selbst in den Inseln wieder und bekommen positive Gefühle vom Leben zurück. Wir müssen uns diese Inseln aber selbst bauen und vielmehr, wir müssen uns erlauben, diese Inseln zu bauen.
Viele Menschen tun sich schwer, Inseln zu benennen, sie zu fühlen oder sie zu erkennen. Menschen mit hoher Verantwortung definieren sich häufig über beruflichen Status und wenn dieser Status wegbricht, dann stehen sie wie ein Ochse vor dem Berg und der Blick auf ihre eigentliche Bedürfnisse fällt dann schwer. Verantwortung in einem Unternehmen erfordert Ressourcen wie Entscheidungen zu treffen, soziale Kompetenzen, Menschenführung, Selbstvertrauen, ein starkes Rollenverhalten sowie viele Handlungskompetenzen wie Ausdauer, Belastbarkeit und Zielstrebigkeit, aber kann ich diese auch in meinem Alltag entdecken? Wenn ich eine Jugendmannschaft trainiere, darf ich das als Verantwortung, Zielstrebigkeit benennen? Die Antwort: Natürlich! Ich schaffe doch mein Wertesystem selbst und ich selbst kann mich auch in nicht beruflichen Aktivitäten wiederfinden. Ich selbst muss ein Wertsystem entwickeln, das nicht nur auf den Beruf abzielt und mich auch anders ausfüllt. Menschen in Führungsriegen aber auch in stressigen Jobs sind irgendwann ausgebrannt, mit Hang zur Depression und zum Burnout. Ein plötzlicher Zusammenbruch folgt. Dieser Zusammenbruch ist dann auch nicht mit einem Urlaub zu kitten oder mit Abbau von Überstunden. Beim Verlust eines Arbeitsplatzes stelle ich mir die Frage: Was soll man jetzt tun? Wohin kann ich mit meinen oft gelobten Ressourcen, wohin kann ich mit meinem Verantwortungsgefühl? Die Kränkung des Gefeuertseins und der Verlust des Status Beruf, also das Gefühl der Wertlosigkeit geht oft mit der Depression und dem Burnout einher. Ich stehe plötzlich vor einer Wand und Wertigkeiten verschieben

sich.
Wer bin ich? Was will ich? Diese Sinnfragen stellen sich mir und Grübeln mit schlaflosen Nächten sind die Folge. Die Verhaltenstherapie versucht diese Denkmuster zu verändern, indem der Selbstwert und die Selbstreflexion wieder auf die eigenen Bedürfnisse gelenkt werden und nicht die Bedürfnisse eines Unternehmens sollten als Maß aller Dinge wahrgenommen werden. Selbstwert und Beruf sollten nicht voneinander abhängen, denn sonst droht mir ein zu starkes Schwarzweiß-Denken und mir droht bei Misserfolg der gefühlte Absturz ins schwarze Loch und es entsteht der Irrglaube, nur mit Arbeit zufrieden Leben zu können. Ein Mensch besitzt ein gesundes Selbstwertgefühl, wenn er Materialismus und hohen Lebensstandart als Luxus betrachtet, als eine Möglichkeit der Selbstverwirklichung und nicht als Maß meiner Selbst. Die Verhaltenstherapie arbeitet an diesen Gedankenmustern und versucht, sie durch Autosuggestion zu verändern und sie hilft, neue Wertesystem zu entwickeln. Dem Ergotherapeuten fällt es Anfangs nicht leicht, einen lebenserfahrenen Top-Manager zu erklären, warum er sich jetzt Zeit nehmen darf, aus einem Tonstück etwas zu Formen, das ihn an Freude, Spaß, Liebe oder Wärme erinnert oder warum er auch gerne mal nur mit den Händen ein Gefühl zeichnen sollte. Der Manager darf bei diesen Übungen endlich wieder mal auf sich und in sich hineinhorchen und er muss nicht alles für das Unternehmen in die Waagschale werfen. Er ist nun die Waagschale!
Alle Rosamunde Pilcher und Inga Lindström Romane wie Verfilmungen, basieren im Übrigen nach diesem psychologischen Prinzip: Ein hohes Tier, Hotelmanager oder Vielarbeiter, verliebt sich unsterblich in eine Frau vom Lande oder von einer kleinen Insel und er erkennt, dass Arbeit nicht alles im Leben ist. Der einstige Macho-Manager zieht für seine Holde aus der großen Stadt auf eine kleine Insel oder in ein kleines Nest und er hat endlich den Sinn des Lebens kapiert. Seine Auserwählte wiederum hat nach etlichen Fehleinkäufen und vielen Tränen, Schokoladeneis und Bridget Jones Filmen endlich den Traumprinzen gefunden. Schöööön!
Aus Denkmustern auszubrechen fällt jedem Menschen schwer, denn wir lernen Verhaltensmuster bereits in der Kindheit. Die sogenannten Geschwister-Konstellationen bringen automatische Verhaltensmuster zu Tage, die wir auch später im Erwachsenenalter fortführen. Peter, das älteste Kind einer Familie, passte gerne auf die jüngeren Geschwister auf

und er ist deshalb noch heute sehr zielstrebig, verantwortungsbewusst, leidensfähig, aber er beschreibt auch, dass er oft auch abhängig von Lob, also externer Verstärkung sei. Peter habe häufig psychosomatische Beschwerden wie Kopfschmerz. Julia, ein Mittleres, beschreibt sich als Einzelkämpfer, als sehr selbständig und konfliktfähig, sie könne sich gut durchsetzen und sei sehr Verantwortungsbewusst. Julia könne aber schlecht Hilfe annehmen und spreche wenig über ihre Probleme. Michelle ist das Nesthäkchen einer Familie und sieht sich selber als sensibel und einfühlsam an und sie habe ein Gespür für emotionale Zustände. Sie befände sich oft in der Vermittlerrolle und wolle sich gern beweisen, andererseits könne sie schlecht Entscheidungen treffen. Michelle sei leicht kränkbar und neige zu depressiven Verstimmungen. Roland, das Einzelkind, wisse gut, was er mit sich anfangen kann und er könne seine Bedürfnisse gut äußern. Im Gespräch mit ihm wirkte er selbständig und er beschreibt sich als harmoniebedürftig. Er meint, er müsse mehr Streiten lernen, weil er oft leicht Gekränkt reagiert. Dieser Ausflug in die Tiefenpsychologie zeigt, wie früh schon unsere gewünschten und unerwünschten Verhaltensweisen entstehen, aber wenn ich diese Verhaltensweisen verändern möchte, dann sollte mir eines klar sein: Ich muss mich selbst wieder mehr sehen!

Ich baue mir ein Haus aus Liebe

Ich baue mir ein Haus aus Liebe
An einem schönen Ort
Kein hektisches Geschiebe
Und Türen ohne Abschiedswort

Die Wände aus parfümierten Rosen
Lebendige Fenster wie Wasserquellen
Und Tischchen bunt als Bonbondosen
Mit verwachsenen Stühlen, um Hoffnung abzustellen

Das Dach in lila-blau
Oben drauf ein tanzender Stern
Mit Teppich süß verziertem Küsschenklau
Und Treppen aus Geschichten ohne Sinn und Kern

Einfacher Garten in Himmelsfarben
Darin weht der Wind mein Lieblingslied
An Wänden Bilder ohne Vergangenheitsnarben
Und Räume für Menschen ohne Unterschied

Ich baue mir ein Haus aus Liebe
An einem schönen Ort
Kein hektisches Geschiebe
Und Türen ohne Abschiedswort

Eben ein Haus aus Liebe
An einem schönen Ort

Der Mensch neigt zum Grübeln, was ihn von anderen Lebewesen unterscheiden kann. Wir dürfen nur nicht zu viel grübeln, sonst werden wir von unseren Gedanken eingenommen. Der Grübler sollte lernen „stopp!" zu sagen, „Jetzt will ich nicht mehr Grübeln!". Der Text „Der Hügel und die Stimme des Lebens" handelt vom Grübeln über die „Sinnfrage!". Und von der Frage, ob ich dem Leben, wenn es sich mir offenbaren würde, mit all seinem Geheimnissen gewachsen wäre oder ist es nicht sinnvoll, auch einfach zu funktionierenund nicht alle Dinge dreimal zu hinterfragen und wir stattdessen das Leben mit seinen schönen Dingen einfach nur genießen sollten...

Der Hügel und die Stimme des Lebens

Ich bin mal am Rhein auf einen Hügel geklettert
Von oben konnte ich die Lichter der Stadt sehen
Der Wind verwehte den Kaminrauch und die Zeit standen still
Ein paar niederrheinische Blässgänse kehrten aus dem Süden zurück
Sie kreisten über der Stadt, beobachteten etwas, eine kam mir immer näher
Dann hörte ich diesen hohen Schrei
Wie ein Ächzen und dann eine Stimme
Ganz klar und rein
Es ging nicht anders, ich musste ihr zuhören
Auch wenn ich selbst meinen eigenen Ohren und Augen
Keinen Glauben schenken konnte
Weil dieser Moment meine Vorstellungskraft überstieg
Mein Herzlein schlug wie wild

Und die Stimme sprach in einer Melodie
Komm Junge, ich nehme dich mit über den Horizont
Wir fliegen der Sonne entgegen, über Stock und Stein
Dann finden wir ein Zuhause für dich
Ganz tief in deinem Herzen
So wie du es immer gewünscht hast

Ich bin dann in die Einsamkeit zurückgekehrt
Habe mich vergraben
Und alle Kontakte ruhen gelassen
Die Menschen um mich herum dachten wohl
Der Kerl ist durchgeknallt
Dass ich jetzt
Wasser in Wein verwandeln wolle
Grenzen durchbrechen und Luftschlösser niederreißen möchte

Das Ganze nahm kein Ende, ging tagelang so
Obwohl das Leben weiterlief
Arbeit und Alltag
Stand ich in dieser Einsamkeit

Aber dann habe ich mir überlegt, was ich der Gans antworten sollte
Welche Beziehungen ich verlieren
Welche Dinge ich vermissen
Welche Menschen ich hinter mir lassen würde
Wenn ich der Gans über den Horizont folgen würde

Ich war nur ein kleines Rad in der großen Maschine
Und die Gans bot mir an, diesen Platz zu verlassen
Über den Horizont zu fliegen
Der Sonne entgegen, wo ich die Erkenntnis erlangen konnte
Und mein Zuhause tief in mir finden würde

Über dem Himmel dieser Schrei
Wie ein Ächzen und dann eine Stimme
Ganz klar und rein
Und die Stimme sprach in einer Melodie
Komm Junge, ich nehme dich mit
Sagte diese Stimme

Immer wenn mich diese Vorstellung umgarnt
Habe ich irgendwie die Hoffnung
Eines Tages frei sein zu können
Doch im selben Augenblick

Umtanzt mich diese Freiheit mit schnellen Schritten
Dass ich mein Gleichgewicht verliere
Und lacht mich mit einer verstellten Stimme an
Es ist so
Als starre sie mich mit einem Gesicht ohne Mimik an
Ganz ohne Aussage
Oder dass ich sie irgendwie maßregeln könnte

Also begegnete ich dem Leben
Entgegen meiner Natur
Mit Wut und Zorn
Denn solange mir das Leben Menschen raubt, die ich liebe
Werde ich es nicht verstehen
Solange dort Menschen in Armut verrecken
Tiere gequält und die Erde zerstört wird
Und Kriege unsere Probleme lösen sollen
Werde ich nicht an das Leben glauben

Ich bin dann zurück auf den Hügel
Und habe der Gans gesagt
Ach was
Fliege allein über den Horizont, lass mich einfach zurück
Es ist leichter, ein Rad in der Maschine zu sein
Als das Leben zu kennen, deine Weisheit zu teilen
Mich mit deinen Wahrheiten zu quälen
Denn solange mir das Leben Menschen raubt, die ich liebe
Werde ich es nicht verstehen
Solange dort Menschen in Armut verrecken
Tiere gequält und die Erde zerstört wird
Und Kriege unsere Probleme lösen sollen
Werde ich nicht an das Leben glauben
Also fliege allein über den Horizont
Ich ertrage das nicht

Und was bleibt ist die Melodie
In meinem Kopf
Ein Stück Erfahrung, Juli 2002

Extra-Tipp: Grübel-Tagebuch

Warum grübeln wir?
Ereignisse und Situationen versuchen wir durch das reine Erzählen und dadurch, „darüber nachzudenken“ psychisch zu verdauen. Durch die Anteilnahme anderer und das Erzählen verarbeiten wir Konflikte und Geschehnisse.
Aber die Verarbeitung gelingt uns nicht beim Grübeln! Wir gehen beim Grübeln nur immer wieder die Situation durch und wir erleben die Gefühle erneut. Wir spielen die Geschehnisse durch und fragen uns, was wäre wenn ich...? Viele Menschen haben den Hang nachts zu Grübeln, was zur Müdigkeit am nächsten Tag führt und wir erinnern uns daran, worüber wir uns den Kopf zerbrochen haben, nur um dann wieder in dieser Spirale zu stecken.
Das Grübeln ist zumeist eine Ersatzhandlung für das eigentlich versäumte Handeln.
Wenn ich zum Beispiel meine Tasche liegen lasse und sie liegt am nächsten Tag ohne Geld wieder in meinem Spind, dann grübele ich darüber nach, wie schlecht doch viele Menschen sind, aber ich verdränge dabei geschickt die Tatsache, dass ich die Tasche liegengelassen habe. Die eigene Wut über sich selbst übertrage ich dabei auf die schlechten Menschen dieser Welt. Wir ärgern uns beim Grübeln darüber, dass wir etwas nicht getan haben und wir verharren in dem Zustand eine „Ersatzhandlung“ im Kopf durchzuspielen, so nach dem Motto:
„Wenn ich doch das und das getan hätte, dann...!“
Doch was nützt uns unsere Ersatzhandlung „Grübeln“, wenn wir an dem Geschehenen doch nichts mehr verändern können?
Grübeln verhindert, dass wir loslassen und abschließen können bzw., dass wir Dinge verarbeiten können, indem wir Tatsachen hinnehmen. Grübeln versetzt uns in einen ungesunden Schwebezustand.
Tipps:
1. Erfinde einen Gedankenstopp:

Immer wenn du ein bestimmtes Wort laut rufst oder du es zumindest „laut denkst“,
dann stoppe sofort das Grübeln und wende dich der Realität zu. Benutze dazu ein „Stoppwort“, das du dir überlegst und welches dann zum Einsatz

beim Grübeln kommt. Du solltest nach dem Stoppwort sofort eine neue Tätigkeit beginnen, um nicht wieder ins Grübeln zu verfallen. Diese Tätigkeit könnte sein, dir ein Lied vor zu singen, dich an einen Urlaub zu erinnern, du beginnst ein schönes Bild zu zeichnen oder du rufst jemanden an und erzählst ihm etwas Schönes oder...

2. Grübel-Tagebuch:

Du kannst dir ein leeres Buch kaufen und eine bestimmte Tageszeit wählen und in dieser Zeit schreibst du dir alle deine Gedanken auf. Du darfst aber nur zu dieser vereinbarten Zeit darin schreiben und immer wenn du anfängst zu Grübeln, erinnere dich an folgenden Satz und stoppe das Grübeln:

„Stopp! Ich höre jetzt auf zu Grübeln, denn das Grübeln darf ich später tun und dann schreibe ich mir alles in mein Tagebuch auf, aber jetzt widme ich mich wieder dem Hier und Jetzt!“

3. Was würde eigentlich...

Du kannst zu dir und deinen Gedanken einmal versuchen ein wenig Abstand zu gewinnen, indem du dir eine Person vorstellst, die dir schon oft geholfen oder dich oft beraten hat. Du solltest versuchen, dich an diese Gespräche zu erinnern und dir vorstellen: Was hätte jetzt XY zu mir gesagt? Du kannst dir auch ein Vorbild aus dem öffentlichen Leben nehmen, den du bewunderst oder der dir Stärke und Kraft gibt.

„Ich habe heute schon wieder Kopfschmerzen, nein, ich gehe nicht zu dem Geburtstag!“, aber was würde meine Freundin Beate wieder dazu sagen?

„Och, komm schon! Deine Kopfschmerzen gehen meistens nach einer Stunde wieder weg und dann ärgerst du dich immer hinterher, dass du nicht mit uns unterwegs warst, weil du deinen Schmerzen immer zu sehr Beachtung schenkst und dabei vergisst, wie schön es mit uns ist!“

Es kommt hierbei auf die nötige Distanz zu den eigenen Gefühlen und Gedanken an und auf die Fähigkeit, sich an vergangene Situationen und Gesprächen zu erinnern und aus ihnen zu profitieren.

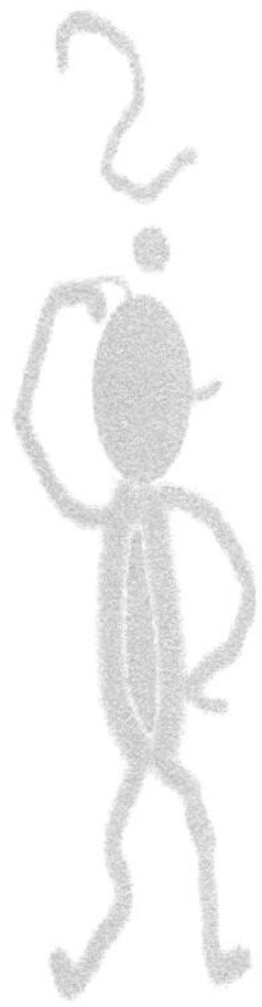

Der „Grübelniederrheiner!“

Der Baum im Winde

Schau, dort steht der Baum im Winde
Es schmücken ihn die Blätter reich
Ob Birke, Eiche oder Linde
Hier im Winde ist jeder gleich

Er steht dort irgendwo am Niederrhein
Und hofft, auch der Mensch ist gleich in diesem Winde
Für sie betet er im Dämmerschein
Glaubt an das Gute im Menschenkinde

Ach, wie gut, dass er nicht laufen kann
Sieht er nicht, wie dem Mensch die Weisheit längst entwischt
Es ist die Gleichheit, die der Mensch noch nie ersann
Und in diesem Winde des Baumes Hoffnung still verlischt

Schau, dort steht der Baum im Winde
Ob Birke, Eiche oder Linde
Er steht dort irgendwo am Niederrhein
Für sie betet er im Dämmerschein
Sieht er nicht, wie dem Mensch die Weisheit längst entwischt
Und in diesem Winde, des Baumes Hoffnung still verlischt
Verlischt

6\2004

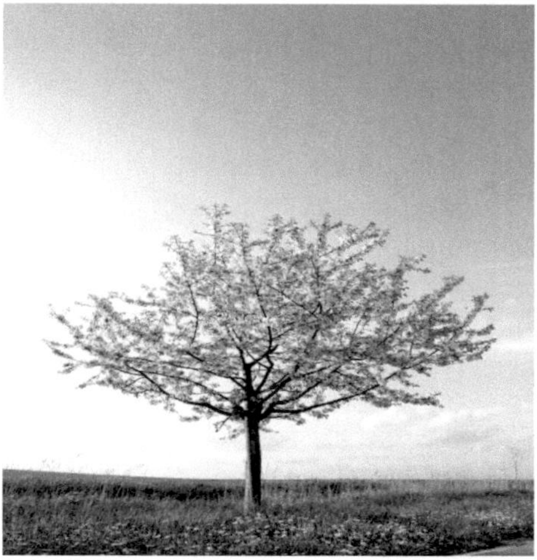

Kategorie C

Das Lexikon würde den Typus C wie folgt umschreiben:

Die Quasselstrippe. unaufhaltsamer, kaum zu stoppender Redefluss. Der Typ „Umdieeckedenker“. Er denkt und redet um drei Ecken, manchmal auch mehr Ecken. Der Weg zu der eigentlichen Aussage führt über hunderte von Umwegen und Erzählungen und diese Umwege prallen wie geballt auf den Gesprächspartner ein. Ein Kinofilm über den Typ C könnte heißen:

„Indiana Jones – Und die Suche nach der Kernaussage!“

Der weibliche Typ C trägt oft große Handtasche oder Einkaufstasche aus Stoff, um aus ihnen irgendwelche Dinge hervorzuzaubern, die eine Aussage unterstützen. Einige Typ C Menschen schieben auch Transportwägelchen hinter sich her. Typ C ist neugierig, wortgewandt und schnell sprechend. Er ist weniger dick und häufig entspricht seine Figur dem Standarttyp der Gesellschaft. Typ C ist oft groß gewachsen und er hat schlaksige, lange Beine.

Ausprägung dieses Typus:

Der Typ C hat immer etwas zu erzählen! Er hat die Ohren überall und trägt Neuigkeiten auch gleich in die weite Welt hinaus! Er ist ein Meister im Geschichtenerzählen und im Ausschmücken von Umständen die eigentlich wenig spektakulär wären, aber erzählt der Typ C davon, dann bekommt die kleine Geschichte eine eigene Dramatik! Der „Umdieeckender" überrollt sein Gegenüber mit seinem Redefluss und überschreitet oft dabei die Grenze seines Gegenübers. Das Überschreiten der Grenze kann man durchaus wörtlich nehmen, denn nicht selten streckt dir der Typ C seinen Kopf entgegen, er kommt dir beim Reden mit seinem Gesicht gefährlich nah. Dieser Typus möchte fast in dich eindringen, dich übernehmen, dir alles erzählen, er will, dass du ihn verstehst!

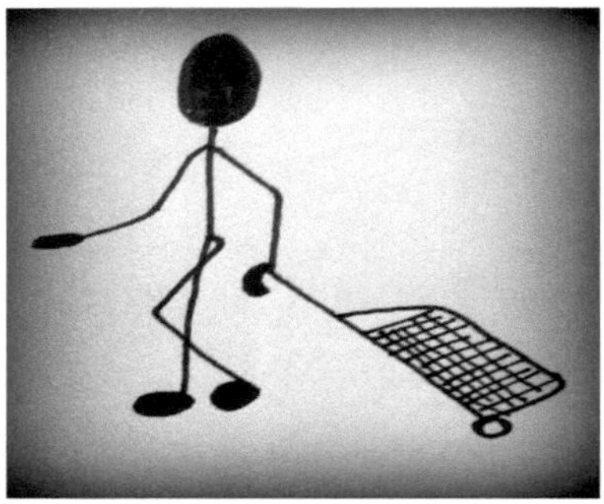

Typ C mit Einkaufwägelchen auf der Straße

Der „Umdieeckedenker", Quasselstrippe, „Indiana Jones - Auf der Suche nach der Kernaussage"

Typ C ist beim Erzählen fast manisch und er steigert sich emotional in die Geschichte hinein. Der Psychologe spricht von einer Manie, wenn der Betroffene unkontrollierte, antriebgesteigerte Phasen auslebt. Die Manie stammt aus dem bipolaren Kreis emotionaler Störungen, wobei sich der Manische meistens in den Geschichten selber wiederfindet. Der Typ C wollte eigentlich nur kurz etwas erzählen, was er zum Beispiel heute erlebt hat oder ihm geschildert wurde, aber beim Weitererzählen packt er seine ganze Gefühlswelt und Teilaspekte seines eigenen Lebens hinein. Er steigert sich in die Erzählung hinein und erlebt diese Geschichte quasi mit. Dadurch entsteht auch das Denken um Ecken und das Einfließen von tausend anderen Erlebnissen, die mit der eigentlichen Aussage nicht zu tun haben. Einem Zuhörer verwirrt das extrem, auch weil der Typ C Personen mit einfließen lässt, die mit der Handlung nichts zu tun haben, sondern nur in seinem eigenem Leben eine Rolle spielen. Der manische

Patient ist oft sehr gut in der Sache, in der er sich hineinsteigert, aber er vernachlässigt dafür andere Dinge. Der Typ C ist erschöpft nach seinen Geschichten, weil er seine ganzen Emotionen mit hineinwirft. Auch der Zuhörer ist nach einem Gespräch mit dem Typ C erschöpft, ja, er ist sogar teilweise verwirrt und verliert die Orientierung für Raum und Zeit, denn er versucht immer noch die Kernaussage des Typ C zu begreifen. Er läuft deshalb verwirrt und wie betäubt in seiner Umwelt umher. Wird er darauf angesprochen, spricht er nur den Namen seines Gesprächspartners aus und die Mitmenschen stöhnen laut auf und sie wissen sofort, warum er so von der Rolle ist! Niemand kann nämlich dem Typ C entgehen, und wer schon mal einen solchen Niederrheiner getroffen hat, der weiß auch um seine betäubende Wirkung. Der Typ C fängt sein Gespräch häufiger mit folgenden Satz an:
„Ich wollte dir mal eben kurz erzählen...“.
Dieser Satz ist ein Signalreiz, der bei dem Gesprächspartner für hohe Alarmbereitschaft sorgen sollte! Solltest du diesen Satz von einem Niederrheiner hören, dann lege dich flach auf den Boden und halte dir die Ohren zu oder noch viel besser, du steckst dir Gegenstände in die Ohren, die gerade griffbereit sind!
Das hindert den Typ C nicht daran, eine ausgedehnte Geschichte zu erzählen, aber du bekommst wenigstens nichts davon mit! Reiner Selbstschutz!
Das Institut für Gehirnforschung hat in einer Studie die betäubende Wirkung des Typus analysiert. Der Anteil dieser Ausprägung kommt statistisch betrachtet häufiger bei dem weiblichen Niederrheiner vor und die Folgen samt betäubender Symptomatik betreffen eher den männlichen Niederrheiner.
Es gab Berichte über männliche Niederrheiner, die nach einer längeren Urlaubsautofahrt mit dem weiblichen Typus C extrem verstört sowie mit Ohrenblutungen und Hörsturz in der Notfallaufnahme behandelt werden mussten!

Extra-Tipp: Planung eines Gespräches – Eine Aussage definieren
Wenn ich ein Gespräch zu führen habe, versuche ich systematisch vorzugehen:

1. Versuche deine Gesprächsaussage auf so wenig Sätze wie möglich zu minimieren. Du kannst ja mal versuchen, alle deine Gedanken

aufzuschreiben und daraus kurze Sätze zu formulieren.

2. Schreibe dir auf, was du mit dem Gespräch erreichen und auslösen möchtest! Was möchte ich für Gefühle auslösen, was tun die anderen auf Grund meines Gespräches, bzw. was möchte ich gern, das Andere danach tun? Was soll nicht passieren? Du kannst in einem Satz ein Aussageziel formulieren: „Hans ist im Krankenhaus, er möchte aber nicht besucht werden!".
3. Was kann ich tun, bzw. genau sagen, damit ich mein Aussageziel erreiche:

- Du kannst Sätze vorformulieren und aufschreiben.
- Wie kann ich mein Gegenüber dazu motivieren, inspirieren meinem Aussageziel zu folgen?
- Mit welchen Aussagen kann ich mein Redeziel glaubhaft untermauern?

4. Welche Fakten und Zusammenhänge kann ich kurz und knapp in meine Erzählung einbringen, ohne dass ich ausschweife?
5. Welche Gegenstände, Bilder etc. benutze ich, um Aussagen zu untermauern?
6. Was für Fragen stelle ich gegebenfalls meinem Gesprächspartner, wenn ich selbst Nachfragen habe?
Überlege dir, womit dir deine Gesprächspartner eventuell antworten. Gibt es eventuell Einwände gegenüber deinen

Ausführungen? Du kannst dir schon vorab einige Antworten überlegen und notieren.

Ich selbst treffe schon seit Jahren immer wieder auf Typus C, der allerdings männlicher Ausprägung ist. Sein Name ist Zupke!

Zupke taucht jedes Mal unverhofft aus dem Nichts auf. Du stehst ganz gesellig auf einem Stadtfest, doch plötzlich spricht dich jemand von hinten an:

„ Kersken, dat is aber nen Zufall. Bisse wieder unterwegs?"

„Zupke! Bisse auch wieder unterwegs? Wat machst du hier ? "

„Dat selbe wie Du, Kersken!"

„Bist du also immer noch auf der Erde? Dat Mutterschiff müsste dich doch schon längst abgeholt haben, Zupke!"

„Ich mag dich auch, Kersken. Aber wo ich dich hier treffe, wollte ich dir nochmal eben kurz wat vertellen*!"

Und nach diesem Satz geht et los! Unaufhaltsam! Und wo ich den Zupke schon alles getroffen habe, neulich sogar im Urlaub in Sommerach!

Kennze Sommerach? Sommerach gehört zum unterfränkischen Kitzingen und es ist nicht weit entfernt von Würzburg und Bamberg. Es wird auch Weininsel genannt, da Sommerach mitten im Main liegt. Das historische Städtchen hat sage und schreibe 1435 Einwohner und wurde 2013 sogar zum schönsten Dorf in Deutschland durch einen Bundesentscheid gewählt. Es wird von idyllischen Weinbergen umrandet, die von Winzer Familien zur Herstellung von verschiedensten Weinsorten bestellt werden. Eine wunderschöne Landschaft lädt zum Wandern und Radfahren ein und auch für den Genussmensch gibt es bayrische Küche und Weinproben. Die Weinprobe auf dem Sommeracher Markt erschien mir besonders Reizvoll, da sich Weinbauern der gesamten Umgebung angekündigt hatten. Eine bayrische Kapelle sorgte auf der Bühne für den passenden Rahmen, inklusive Trachtenverein. Jeder Tester erhielt eine sogenannte 30er Probekarte und mit dieser Karte konnte man alle 30 Weine der Region probieren. Der Markt war rappelvoll und auf einem langen Tisch waren die Weine prunkvoll angereiht. Es fanden sich Müller-Thurgau, Bacchus, Domina, Kerner, Silvaner und der Riesling wieder. Viele Weine waren vom Bocksbeutel umschlossen, eine Flaschenform, die typisch für die Region ist und die Form eines Ziegenhodens nachahmt. Der Gedanke, den Wein aus einem Ziegenhoden zu trinken, löste in mir irritierende Metaphern aus.

Ich wollte mich gerade der ersten Weinstation, einem Silvaner, zuwenden, als mir jemand auf die Schulter klopfte.

„ Kersken, dat is aber nen Zufall. Bisse wieder unterwegs?"

„Zupke! Bisse auch wieder unterwegs? Wat machst du hier ?"

„Datselbe wie Du, Kersken! Urlaub! Fahrradfahren und Wein trinken! Meine Frau is inne Ferienwohnung geblieben, denn für die Holde is dat nix, hier so mit Weinprobe und dat ganze Tamtam!"

„Bist du also immer noch auf der Erde? Dat Mutterschiff müsste dich doch schon längst abgeholt haben, Zupke!"

„Ich mag dich auch, Kersken. Aber wo ich dich hier treffe, wollte ich dir nochmal eben kurz wat vertellen*!" Ich krampfte innerlich zusammen, denn ich wusste, was das zu bedeuten hatte!

„Kennze Zumbini, Kersken?"

„Nee, wat is dat denn?", schüttelte ich den Kopf.

„Zumba kennze doch , Kersken. Oder?"

„Ja, dat is doch dieses lateinamerikanische Aerobic mit dem Tanzgedöns

oder wat*?“
„Jo, genau. Ich mach dat Zumba ja jetzt als Rückbildungsgymnastik!“
„Ah so! Rückbildungsgymnastik! Dat machen doch sonst nur Frauen nach ihrer Entbindung oder bist du jetzt neuerdings schon schwanger gewesen? Hab ich da wat verpasst? Is et en Junge oder en Mädchen, Zupke?“
„Witzig, witzig Kersken! Ein Bisschen Rückbildung kann jeder gebrauchen, dat sach ich dir! Aber wat wollte ich dir jetzt eigentlich vertellen, du bringst mich immer durch en Wind hier!“, und Zupke kratzte sich am Kopf.
„Zumbini, Zupke. Zumbini! Du wolltest mir wat über Zumbini vertellen!“
„Ja, siehsse! Jetzt is bei mir der Groschen wieder jefallen. Zumbini. Die Regine Neumann, hier vonne Ackerstrasse in Duisburg Neumühl, die kennze doch auch. Dat is die Schwester von ne Anja Neumann, die den Schreibwarenladen in Bergheim hat. Die Frau kennze doch, ne Kersken?“
„Zupke, Zumbini! Bitte! Ich hab doch keine Zeit, für sowat! Der Silvaner wartet. Guck, da kommt schon der Sommelier auf die Bühne.“
„Na und, ne knackige Weinkönigen wäre mir jetzt lieber, Kersken!“, und Zupke zwinkerte mich an.
„Die Weinkönigin von 2003 kam ja mal von Sommerach! Die Nicole Then. Dat war 'ne Süße, Kersken, eigentlich war die Juristin, aber jetzt tourt die Drossel durch ganz Deutschland und schluckt ein Wein nach en anderen und sie verdient auch noch ihre Brötchen damit. Ich könnte da richtig neidisch werden!“
„Zupke, Zumbini. Zumbini! Außerdem, warum kennst du eigentlich die Weinkönigin von Sommerach!“
„Ja kennen tu ich die jetzt persönlich auch nicht. Also zur Schule bin ich mit der nicht gegangen*, wie man so schön am Niederrhein sacht, ne Kersken. Aber die Weinkönigin ist doch die Tochter hier vom Wirt, der Wirt von dem Gasthaus hier auf der Hauptstraße. Kennz du doch, Kersken. Wenn du durchs Eingangstor fährst, dann kommt der Hof auf der linken Seite. Wie hieß dat Ding jetzt noch?“, und er kratzte sich wieder am Kopf.
„Egal. Ich interessiere mich jedenfalls für dieses janze Weingedöns, Kersken. Genuss ist ja auch etwas ganz Wichtiges, heutzutage in unserem hektischen Alltag brauchen wir ihn als Ausgleich. Ein paar ruhige Minuten und Tropfen Wein inmitten unserem schnellen Wandel. Die neue fränkische Weinkönigin kommt übrigens aus Würzburg. Die heißt Marion

Wunderlich, aber war die jetzt die Juristin oder doch die Süße aus Sommerach. Ich vertue mich da immer, die Köbisse* sehen mit ihrem Dirndl ja auch alle gleich aus!"
„Zupke, du schweifst mal wieder ab. Es ging um Zumbini!"
Der Sommelier unterbrach Zupkes Gedankengewirr und sprach ins Mikro hinein:
„An Station Eins haben wir für sie fünf Silvaner stehen, direkt aus dem Umfeld des schönen Sommerach. Seine weiße Traube zeichnet ihn aus. Der Silvaner ist absolut leicht, ja fast unkompliziert, ein cremiger, anmutiger Barriquewein.
Sie dürfen seine lebhafte, groß gewachsene Rebe gerne kosten. Dieser Wein mag vor allem Fisch und Spargel, weil er mit seiner feinen Säure das Gericht abrundet. Der Silvaner ist zart fruchtig und etwas erdig im Geschmack.
Also wisset wohl, liebe Weinfreunde:
Der größte Feind des Menschen wohl, das ist und bleibt der Alkohol, aber in der heiligen Schrift steht geschrieben, du sollst auch deine Feinde lieben! Santé!".
„Prost Kersken!"
„Prost Zupke", und ich setzte an, als er mich stürmisch unterbrach.
„Sag ma bist du bekloppt oder wat?* Nich den kleinen Finger ab strecken, Kersken. Wie sieht dat denn aus! Grausam!
Weißt du denn nicht, wie man Wein richtig verköstigt oder wat!"
„An den Schlund führen und weg schlucken! Mehr brauch ich doch nicht zu wissen!"
„Kersken, du Banause. So geht dat nicht mit juten Wein. Komm mal hier an Station Eins rüber, dann zeig ich dir dat richtig. Wir haben hier 30 Weine, und jedes Glas wird hier mit 0,1 Liter befüllt, da kannst du dat Ding nicht einfach an den Schlund führen und wegschlucken! Du hast dann nach der 30. Weinprobe drei Liter im Balch*. Dat geht doch nicht!"
„Wieso dat denn nicht?"
„Also Kersken, hömma! Nee, du musst dat Zeug wieder ausspucken. Guck hier in den silbernen Behälter hier rein. So macht man dat. Jetzt nimmst du dat Glas in ne Hand und der kleine Finger bleibt an der Hand angewinkelt, verstehsse dat. Und tu dat Glas unten am Stiel anpacken, sonst gibt dat so fiese Flecken!"
„Zu Befehl!"

„Grundsätzlich gilt: Herbe Weine kommen vor den lieblichen Weinen, deshalb fangen wir mit dem Silvaner an.“
„Ah so.“
„Jetzt gucken wir uns als erstes die Farbe an, Kersken, dazu schwenken wir dat Glas am Stil vorsichtig umher, sodass der Wein im Glas kreisend schwappt.“, und er hielt das Glas nach oben und er schwenkte es vorsichtig umher.
„Jut. Wenn du dat Glas am Stil packst, dann erwärmt sich der Wein nicht, dat is wichtig für den Geschmack. So bekommt er auch Sauerstoff und entfaltet sein ganzes Bukett!“
„Wat fürn Ding*?“
„Bukett! Oder auch französisch Bouquet. Das ist der Geruch des Weines und ein absolutes Qualitätsmerkmal. Das Bukett ist die Gesamtheit aller Aromen seiner Trauben, quasi wie ein Blumenstrauß voller Aroma. Jeder Wein riecht unverkennbar anders, Kersken. Er riecht nach Äpfeln, Beeren oder Blumenwiesen, je nachdem. An das Bukett eines Weines erinnerst du dich ein Leben lang! So. Kersken. Und jetzt führst du den Wein zum Schlund, aber du schluckst das Zeug nicht einfach weg, sonder rollst es über die Zunge und saugst dabei Luft mit in den Mund ein.“
„Also wie so'n Schlürfen?“
„Jo. Die Luftzufuhr verstärkt nämlich das Aroma.“, und wir schlürften lauthals den Silvaner in den Schlund.
„Und du musst den Wein jetzt ein wenig kauen, also wie eine Art Schmatzen, den Wein mit der Zunge verbinden, so bekommst du sein ganzes Aroma mit!“, wir schmatzen vor uns hin.
„Fantastisch, nicht wahr. Kersken?“
„Lecker, aber hätten wir den Silvaner jetzt nicht in das silberne Ding da spucken sollen? Meiner is weg, und deiner, Zupke?“
„Jo. Auch weg. Dat passiert halt manchmal. Aber Kersken, da müssen wir jetzt aufpassen, manche Weine sind so schwer, die Dinger hauen uns sonst die Füße vom Tresen weg!“, und wir schmatzen uns durch die restlichen Silvaner durch, ohne auch nur einmal das silberne Ding bespuckt zu haben. Der Sommelier
kündigte derweil den Müller-Thurgau an:
„Der Müller-Thurgau, auch Rivaner genannt, ist ein absoluter Klassiker hier in Franken. Er ist süffig in seiner Art und hat ein blumiges Bukett. Dieser Wein fällt durch seine gelbe, hellgelbe Farbe auf. Fünf Weine

warten auf euch, von Weinfamilien in der Umgebung mit Liebe gemacht! Der größte Feind des Menschen wohl, das ist und bleibt der Alkohol, aber in der heiligen Schrift steht geschrieben, du sollst auch deine Feinde lieben! Santé!".
„Santé!", rief Zupke.
„Stopp, Kersken! Jetzt noch nicht trinken! Wir müssen uns jetzt erst neutralisieren!"
„Wat fürn Ding*"
„Guck hier Kersken, wir trinken jetzt so'n schönes Eierlikörchen!", und Zupke zog eine Flasche Eierlikör aus seiner Ledertasche.
„Zwischen zwei Weinen, die wir probieren, müssen wir unsere Geschmacksnerven erst wieder neutralisieren, um unsere Geschmacksnerven wieder freizumachen, sonst übertüncht der Silvaner Geschmack den Thurgau Geschmack, verstehsse Kersken? Ich hab uns dafür hier den schönen „Ommas Likörchen" mitgebracht, den hab ich von der Trudi Müller, weiße Kersken, von ne Geschwister-Scholl-Straße. Die Trude arbeitet jetzt nämlich in dem Bioladen in Schwafheim, weiste, die Trude möchte ja nicht mehr Vollzeit im Büro arbeiten, da hatse jetzt den Halbtagsjob im Hofladen angenommen. Die Trude war ja auch kurz vorm Burnout, aber sie ist jetzt ganz zufrieden. Guck hier, ich hab kleine Becherkess mit dabei. Der Likör ist aus reinen Bioeiern, ganz wat Feines, sach ich dir*!"
„Zupke, bist du bekloppt oder wat?*. Zum Neutralisieren steht doch die Karaffe mit dem stillen Wasser da auf dem Tresen. Dat weiß ja sogar ich!"
„Ja nuh, Kersken. Man kann dat so oder so machen, wie du dat eben selber willst. Dat Likörchen reinigt schön die Zunge. So Kersken, jetzt erst mal Prost. Auf dat Neutralisieren und de Omma!"
„Prost Zupke!", und wir schmatzten uns danach durch fünf Müller-Thurgau Weine, wobei ich das ein oder andere Glas Wein aus Sicherheitsgründen nun doch in das silberne Ding zurück spuckte.
Der Sommelier betrat erneut die Bühne und die bayrische Kapelle spielte wieder an, um uns den Bacchus vorzustellen. Der Bacchus ist eine frühe Scheurebe und er entsteht durch eine Kreuzung von Silvaner und Riesling. Der Sommelier schmetterte noch sein obligatorisches Prosit, bevor Zupke mir wieder dat Likörchen zum Neutralisieren reichte. Der Bacchus wurde uns in kleinen, runden Bocksbeuteln gereicht.
„Apropos Bocksbeutel und Ziegenhoden. Ich habe früher ja mal in

Aachen studiert und meine damalige Freundin Doris war auch so ne echte Ziege, in dem Sack hasse aber Krinten*! Ich war damals kurz vor so'ne Burnout!"
„Zupke, bitte! Du kannst in einer Beziehung kein Burnout kriegen, auch nicht von Frauen, selbst wenn sie Ziegen sind! Burnout is en Begriff aus der Arbeitswelt oder hast du schon mal wat von der Diagnose „Eheburnout" gehört?"
„Ja, wat weiß ich denn? Sie war auf jeden Fall ne Ziege und sie hat mich gemobbt, wo et nur ging. Ich durfte nicht mehr mit den Jungs raus und mein Handy wurde jeden Abend nach fremden SMS überprüft, um nur zwei Beispiele zu nennen. Ich war am Rande mich selbst zu verlieren."
„Ja und? Wie bist du die Alte los geworden?"
„Na, Doris war Kunsttherapeutin im dualen Studium und ist letztendlich bei einem Praktikum mit einem Künstler durchgebrannt!"
„Tut mir leid."
„A wat! Dieser Künstler hat jetzt die Alte am Hals und ich habe Ruhe. Der Typ is sowieso total durchgeknallt, da haben sich zwei Köppe gefunden, sach ich dir.", und Zupke schmatzte den Bacchus runter.
„Der Typ hat so'n komischen Künstlername. Georg Georgy nennt der sich oder sowat in der Art. In Wahrheit hieß der Hans Peter Kowalewski, aber Georg Georgy hört sich natürlich spannend an!", und Zupke grinste.
„Der Blödmann hatte gerade ein neues Projekt gestartet, als ihm Doris dazwischen kam, im wahrsten Sinne des Wortes. Der Kopp hatte auf Amrum angefangen einen konzentrischen Tunnel nach Australien zu bohren, um einen imaginären Wegweiser von Europa zu den heiligen australischen Aborigines Höhlen zu bauen. Völlig bekloppt! Er hatte eine Million an Investoren Geldern zusammengekratzt und ein 20köpfiges Team aus Mathematikern, Physikern, Architekten, Bauarbeitern und Praktikantinnen eingestellt. Die Köppe haben dann alles genau berechnet, in welchem Winkel gebohrt werden muss, um die heiligen Höhlen imaginär zu berühren. Dem Bauern haben sie übrigens für 80.000 tausend Euro das Stückchen Acker abgekauft.
Im „Spiegel" stand: „Georgy zeigt uns mit konzentrischem Wegweiser den Anfang des Heiligtum! Da, wo erste heilige Höhlenmalerei entstand, knüpft Georgy auf Amrum an!", da lachste dich schlapp.
Kersken, jetzt musse dir vorstellen, da sitzen der Hans Peter Kowalewski, alias Georg Georgy, meine Ziege Doris und 18 Schwachmaten auf ner

Kuhweide auf Amrum für 80.000 Euro und bohren sich mit 'nem Bergbaubohrer durch Kuhscheiße Richtung Australien. Doris hat mir jeden Tag Bilder per Whats App geschickt, wie die Affen da mit Helm auf der Weide in der Scheiße stehen. Zum Piepen, sach ich dir, zum Piepen. Und nach drei Tagen waren der dritte und letzte Bohrkopf gebrochen und das Budget aufgebraucht, wodurch das Projekt eingestampft wurde. Georgy hat nur das Projekt Doris nicht eingestampft, aber der Kopp konnte ja nicht ahnen, wat sie für ne Ziege is."

„Zupke, wir sind schon wieder total vom Thema ab, wat war denn jetzt eigentlich mit Zumbini?", unterbrach ich ihn.

„Ach so! Jetzt is bei mir der Groschen wieder gefallen, Kersken. Zumbini! Gut!

Die Regine Neumann hat ja eine kleine Tochter, die Lisa, die auch aus erster Ehe mit nem Künstler stammt. Der Typ war aber kein Aktionskünstler, sondern so ne Bildhauer. Der Kopp hat im übrigen auch therapeutisches Bildhauen angeboten. Ich selber fand dat immer komisch, aber die Doris hat mich da mal zum Testen mit hingenommen! Ich hätt' angeblich so 'ne Unruhe in mir, die auch nach außen auf meine Mitmenschen ausstrahlen soll, aber ich find dat is therapeutischer Quatsch!", ich atmete tief ein, um meine aufsteigende Unruhe zu unterdrücken. Auf der Bühne wurde der Kerner Wein präsentiert, während Zupke uns zur Neutralisation ein Likörchen einschenkte und er weiterhin unaufhaltsam brabbelte. Der Kerner entstammt einer weißen Triebspitze, und seine Traube besitzt viel Säure. Der Geschmack beinhaltet einen leichten Hauch von einer Muskatnote, die Zupke und ich sofort erschmatzten.

„Da saßen dann alle Teilnehmer an so 'nem runden Tisch und jeder Kopp hatte 'ne Aufgabe von dem Typen gekriegt. Der Clown neben mir sollte so'n Tiger aus 'nem dicken Brocken Speckstein kloppen und er hatte dafür nen Meißel und nur so komische, runde Pfeilen zur Verfügung. Der Typ guckte mich an und fragte:

„Sach mal, weißt du wie dat gehen soll? Ich mach dat hier zum ersten Mal!".

Ich sag zu ihm: „Ja, wat weiß ich denn? Klopp doch einfach alles weg, wat nicht nach Tiger aussieht!", da hat mich dieser Künstler doch glatt aus dem Kurs geworfen! Mein Gott war der wütend, nur wegen so 'nem kleinen Scherzchen und die Doris hat sich vielleicht aufgeregt. Kinders,

Kinders. Doris die Ziege. Aber diese Künstlernase hat sich später auch von der Regine getrennt. Kinders, ich weiß noch, wie dat Mädel geflennt hat, Kinders, Kinders! Die Regine war wochenlang richtig depressiv und sie hat tagelang auf dem Sofa gesessen, Schokoladeneis gegessen, traurige Schnulzenfilme geguckt und hinterher immer nur Musik von PUR gehört. Glaubste Kersken, da bist de fast bekloppt geworden, wenn ich sie besucht habe."

„Dat glaub ich dir, Zupke! Ich war auch mal mit ner Ziege zusammen und sie hat mir zu meinem Geburtstag freundlicherweise eine Eintrittskarte für ein Livekonzert von PUR geschenkt. Ich hab mich vielleicht gefreut, dat kann ich dir vertellen!

Wir sind damals in Solingen mit den Handballern Niederrheinmeister geworden und haben uns somit für die Westdeutsche Meisterschaft qualifiziert. Ein ganzer Partybus mit Mannschaft, Fans und DJ ist damals von Solingen nach Rheinhausen gefahren, um in unserer Stammkneipe die Nacht zum Tag zu machen. Ich bin jedoch nicht mit dem Partybus nach Rheinhausen gefahren, sondern mit meinem privat PKW vollkommen nüchtern ins Rheinstadion zum PUR Konzert. Meine Ziege hatte Karten für den Innenraum besorgt und sie stand mit ihren Freundinnen direkt vor der Bühne.

„Herr hilf mir!", dachte ich noch, und ich versuchte mich vom Äußeren Stadionrand durch den mit Mitt-40ger Damen, pubertierenden Girlies und mit grölenden Mädels prall gefüllten Innenraum zu quetschen. Hartmut Engler krächzte im Hintergrund:

„Du blitzt mich an mit deinen Funkelperlenaugen!", während mich kleine und größere Frauenhände betatschten. Ich konnte mich nur durch mehrfache Stürmer Fouls Richtung Bühne fortbewegen, während ich mich durch eine mit Parfüm und Schweiß getränkten Wolke zur nächsten quälte.

„Na Süßer, bleib doch hier stehen, bei deinen Funkelperlenaugen kümmern wir uns gerne um dich...", stoppte ich unfreiwillig, weil mich eine Dame mit blond, gefärbten Fuchsschwanz am Kragen festhielt. Engler stimmte derweil im Hintergrund die Masse singend ein:

„Komm mit
Komm mit mir ins Abenteuerland
Auf deine eigene Reise".

„Jawoll!", dachte ich noch. Die Ziege steht vorne und ihr ist es

vollkommen egal, ob ich die Meisterschaft gewonnen habe oder ob ich hier gleich im Innenraum bei PUR ums Leben komme, also geh ich jetzt einfach auf meine eigene Reise! „Ich hab genug von diesem Scheiß Abenteuerland hier!“, schrie ich laut auf und ich machte kehrtmarsch Richtung Party in Rheinhausen. Ich habe der Ziege dann einfach erzählt, dass ich im Stau gestanden hätte, was sie auch nicht sonderlich interessierte, ihr war es nämlich egal, ob ich da war oder nicht. Vom Prinzip war es nicht mein Geschenk, sondern ihr eigenes Geschenk!“
„Schrecklich, diese Ziegen!“, lächelte Zupke.
„Aber als ich die Regine so traurig, depressiv gesehen habe, Kersken, da habe ich noch so gedacht: „Gegen die Depression, da musse wat tun!“. Und die Frauen sind ja alle so drauf, wenn sie Herzschmerz haben oder sowat, dann sitzen die Weibchen ja auf dem Sofa und gucken so Filme wie „Dirty Dancing“, und ich wollte genau da jetzt ansetztten, Kersken!“
„Ach was!“
„Ja! Ich arbeite da so an einer futuristischen Erfindung, Kersken.“
„Aha!“
„Mit dieser Erfindung findet die Frau ganz alleine aus dem Tal der Tränen heraus, und zwar ganz ohne Therapeuten, wie du jetzt einer bist!“
„So, so!“
„Ich nenne diese Wegweisende Erfindung „Black Bocks“! In Anlehnung an die unzerstörbaren Flugzeug Boxen. Verstehsse?“
„Noch nicht!“
„Also die Frau kann mit Hilfe meiner „Black Bocks“ den Ausgang eines Filmes selbst bestimmen!“, ich lächelte ihn an.
„Ja, Kersken! Wirklich! Die betrogene Alte sitzt jetzt auf dem Sofa und guckt „Bridget Jones – Schokolade zum Frühstück“, und sie ist natürlich stinksauer, weil sie ja betrogen wurde, und eigentlich würde sie jetzt den Film zu Ende schauen und sehen, wie Marc Darcy das Herz von Renée Zellweger, alias Bridget Jones, erobert! Und wat is? In der Realität gab et für dat Weibchen ja selber kein Happy End, also heult sich die Alte jetzt wieder ins Koma!
Verstehsse! Dat is so nen Rattenschwanz Geschichte! Ich hab kein Happy End – Komaheulen – Schnulzenfilm – Happy End – Ich hab kein Happy End – Komaheulen – Schnulzenfilm! Verstehsse, Kersken?“
„Verstehe ich!“
„Und da kommt jetzt der Zupke mit seiner „Black Bocks“ ins Spiel! Das

Sofaweibchen wird am Ende des Films von meiner „Black Bocks“ virtuell per Bottom-Wahl befragt:
Liebe depressiv Verlassene! Möchten Sie das „Happy End – Taste A“ oder „Personal End – Taste B“.
Da sie natürlich diesem Kreislauf entkommen möchte, drückt die Depressive nun auf „Taste B“, und so startet der Film sofort erneut, allerdings mit einem für sie ungeahnten Ende. Kurz vor dem Happy End zwischen Bridget und Marc, also kurz vor der Umarmung und einem innigen Kuss, taucht urplötzlich Bridgets Chef Daniel Cleaver aus einer dunklen Gasse auf! Marc wird in seinem Liebestaumel von seinem eigentlich geschlagenen Mitkonkurrenten völlig überrascht und er wird während eines kurzen, aber auch heftigen Zweikampfes bewusstlos gekloppt. Die Betonung liegt auf gekloppt, denn hier kann die Depressive quasi imaginär ihren Frust an der Milchtüte Marc Darcy auslassen, der die Rolle des realen Betrügers einnimmt und von Daniel gerechterweise vermöbelt wird! Die Verlassene baut mit jedem Fausthieb den Daniel auf Marc ausübt, also auch die eigene, reale Aggression gegen ihren Ex ab. Die Verlassene verbindet sich quasi mit Daniels Kampfarm und sie vermöbelt, zwar nicht real, aber imaginär den fiesen Ex, der sie hat sitzen lassen. Der fiese, aber gutaussehende Chef Daniel Cleaver, alias Hugh Grant, nimmt daraufhin Bridget Jones zu sich nach Hause und nagelt die verdutzte, aber auch zugleich erregte Bridget so richtig durch! Die Verlassene baut also mit jedem Hüftstoß von Marc, den er in Bridget ausübt, auch den eigenen, realen, sexuellen Frust ab. Die Depressive verbindet sich quasi mit Marcs Luststengel und...“
„Hallo! Zupke BITTE!“, rief ich laut!
Der Sommelier schmetterte den Trinkspruch in die Masse:
„Der größte Feind des Menschen wohl, das ist und bleibt der Alkohol, aber in der heiligen Schrift steht geschrieben, du sollst auch deine Feinde lieben! Santé!“. Zupke hielt mir ein Bio-Eierlikörchen entgegnen, zwecks Neutralisation. Wir waren mittlerweile an der Station mit dem Riesling angelangt. Die Farbe des Weines war, soweit ich das nach zwanzig Pröbchen und vier Eierlikörchen noch beurteilen konnte, recht dunkel und Farbstoffreich und vom Geschmack her eher säuerlich.
„Zupke! Die Idee ist ja Klasse! Ein Filmende nach Wunsch, aber wie willst du die unterschiedlichen Enden denn zusammenschneiden oder den Schluss neu abdrehen lassen oder wat? Du kannst ja nicht einfach andere

Laienschauspieler für Hugh Grant oder Renée Zellweger einbauen?"
„Ja, da hasse recht, aber ich habe schon einen Brief an Sharon Maguire geschickt, das ist die Regisseurin von „Bridget Jones"."
„Ja und?"
„Ja nix! Sie hat wohl gerade viel zu tun.", und Zupke pfiff sich den Riesling rein.
Auf der Bühne wurde der Domina angepriesen, der letzte Wein der 30 vorstelligen Weinfamilien. Die Kapelle zog laut spielend von der Bühne, während Zupke und ich den letzten Eierlikör neutralisierten.
„Aber Kersken! Ich schreibe gerade auch einen Brief an Bruce Willis, weil mir nach der letzten Weinprobe in Bamberg noch wat Jutes eingefallen ist, nämlich datt man dat selbe Spielchen ja auch für Männer machen könnte. Also ich dachte zum Beispiel daran, datt man Verfolgungsjagden, je nach Wunsch, per Drop verändern kann. Die guten Jungs müssen ja zwangsweise nicht immer davon kommen. Je nachdem, wie du gerade drauf bist, könnte man ja auch Bruce Willis einfach mal im Porsche explodieren lassen oder per Überschlag zum Beispiel in die Seine stürzen lassen. Dat wäre doch Spektakulär!", und wir beide schmunzelten.
„Zupke! Ich bin gespannt, ob du Bruce Willis für dein Projekt gewinnen kannst!".
Der Domina ist eine Rarität der edlen Weinrebe, denn er besitzt eine zwittrige Blüte, wodurch sie eine selbstbefruchtende Rebe ist. Seine Farbe ist dunkel und sein Geschmack hatte einen dezent, sauren Abgang. Der Abgang war dabei das Stichwort für mich, denn an mir zog nicht nur die Trachtenmusikkapelle vorbei, nein, so langsam wirkten sich die 30 Pröbchen auch auf mein Schwerkraftverhalten aus. Meine Spiegelreflexkamera begann an meinem Hals zu ziehen und ich geriet beim Laufen ein wenig ins Schlingern. Aber halt! Da war doch noch etwas, und ein Wort zog vor meinen Augen vorbei:
„Zumbini!"
„Zupke!", drehte ich mich noch einmal um.
„Wat war denn jetzt eigentlich mit Zumbini? Darum ging et doch eigentlich die janze Zeit!"
„Hasse recht, Kersken. Jetzt is bei mir der Groschen wieder gefallen!
Die Tochter von der Regine, die Lisa, die macht jetzt Zumbini, dat is Zumba für kleine Kinder, wo die Kleinen zu Musik zusammen wackeln und schunkeln!"

„Dat wollst du mir die ganze Zeit sagen?"
„Ja, warum?"
„Ich glaub ich steh im Busch*!", rief ich ihm noch hinterher, während er sich vom Acker machte.

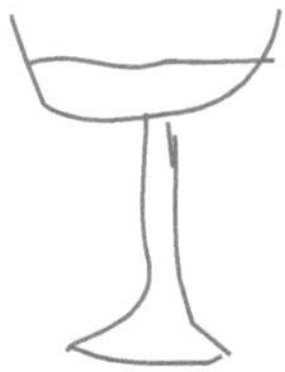

Dein Herz gibt mir die Schuld

Wie haben wir unsere Liebe verloren
Was ist mit unseren Seelen passiert
Warum spüre ich den Geist unserer Einheit nicht
Wann sind unsere Gefühle stillgefroren
Wo haben sich unsere Wege voneinander distanziert

Ich wünschte mir, ich könnte
Die Zeit zurückdrehen
Dinge ungeschehen
Dass wir der Liebe mehr Geduld
Und uns erinnern wie sie einst entbrannte

Doch dein Herz gibt mir die Schuld

Aber ich gebe der Sonne die Schuld
Sie wollte den Tag nicht mit ihrem Licht erhellen
Oder sind es vielleicht die starken Bäume
An deren Äste keine Blätter sprießen

Wo ist nur unser beider Kraft
Mit der wir uns der Welt entgegenstellen?

Ich gebe den Blumen die Schuld
Denn ihre Blüten sind matt verwelkt
Oder ist es der Wind
Der in seiner Flaute mein Gedicht nicht weiter trägt

Wo sind jetzt deine warmen Arme
Du hast sie mir einst entgegen gestreckt

Ich wünschte mir, ich könnte
Die Zeit zurückdrehen
Dinge ungeschehen
Dass wir der Liebe mehr Geduld
Und uns erinnern wie sie einst entbrannte

Ich gebe den Vögeln die Schuld
Die keine Liebeslieder mehr zwitschern wollten
Oder sind es die Wolken
Die nur noch trüb den Regen zeigen

Wo sind deine kleinen Neckereien
Die mir stets den Tag erhellten?

Ich gebe dem Mond die Schuld
Der sich in Dunkelheit gekleidet
Oder sind es die Sterne
Die uns verblasst den Weg verbergen

Was ist mit unseren Versprechungen
Die uns beide verbinden?

Wie haben wir unsere Liebe verloren
Wann sind unsere Gefühle stillgefroren
Was ist mit unseren Seelen passiert
Wo haben sich unsere Wege voneinander distanziert
Warum spüre ich den Geist unserer Einheit nicht?

Ich wünschte mir ich könnte
Die Zeit zurückdrehen
Dinge ungeschehen
Dass wir der Liebe mehr Geduld
Und uns erinnern wie sie einst entbrannte

Doch dein Herz gibt mir die Schuld
Du gibst mir die Schuld

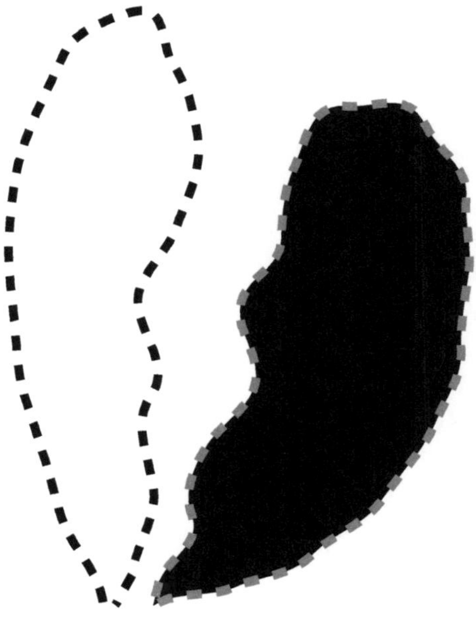

Alte Freunde

Zwei alte Freunde sitzen beisammen
Auf einer Parkbank im Herbst
Wie der letzte Buchstabe einer Geschichte

Der Wind ist rau
Und am Horizont steht bereits die Abendstunde
Braune Blätter zeichnen Kreise
Eine Zeitung flattert durch die Stille
Ihre Haare sind grau
Die Haut verwelkt
Und gebrochen ist ihr Lebenswille

Zwei alte Freunde sitzen beisammen
Auf einer Parkbank im Herbst
Wie der letzte Tropfen in einem Glas

Die Gesichtsfarbe trüb verblasst
Die Sonne schimmert in der Buche matt
Sie streut ihr Licht wie Gedankenspiele
Beide haben die Hände in den Schoß gelegt
Ein Arm streicht den Wintermantel glatt
Träumerische Mimik spiegelt große Seele
Ihre Freundschaft ist als Erinnerung noch eingeprägt

Zwei alte Freunde
Ein letztes Mal
Mit jedem Herzschlag zählen sie die Zeit
Und träumen sich mit leeren Blick
In purpurn süße Vergangenheit
Die Angst zu gehen sitzt breit im Genick
Sie vergeben sich selbst und der Welt
Erinnern sich des Liebsten Kuss
Doch vieles bleibt in Dunkelheit
Schweigend versiegt der Lebensfluss
So sitzen sie beisammen

Wie beim ersten Mal
Mit letzter Hoffnung und Moral
Sind sie im Leben angekommen

Zwei alte Freunde sitzen beisammen
Auf einer Parkbank im Herbst
Wie ein letzter Flügelschlag

In der Ferne lärmt die Stadt
Ein Ahorn Samen fällt kreiselnd vom Ast
Es legt sich schweigend auf die Glieder
Mit ihm wird Neues ausgesandt
Still und ohne Hast
Geht und kehrt das Leben wieder

Zwei alte Freunde
Ein letztes Mal
Mit jedem Herzschlag zählen sie die Zeit
In purpurn süße Vergangenheit
Und träumen sich mit leeren Blick
Die Angst zu gehen sitzt breit im Genick
Erinnern sich des Liebsten Kuss
Schweigend versiegt der Lebensfluss
Sie vergeben sich selbst und der Welt
Doch vieles bleibt in Dunkelheit
Wie beim ersten Mal
Mit letzter Hoffnung und Moral
So sitzen sie beisammen
Die beiden sind im Leben angekommen

Zwei alte Freunde sitzen beisammen
Auf einer Parkbank im Herbst
Wie die letzte Erinnerung

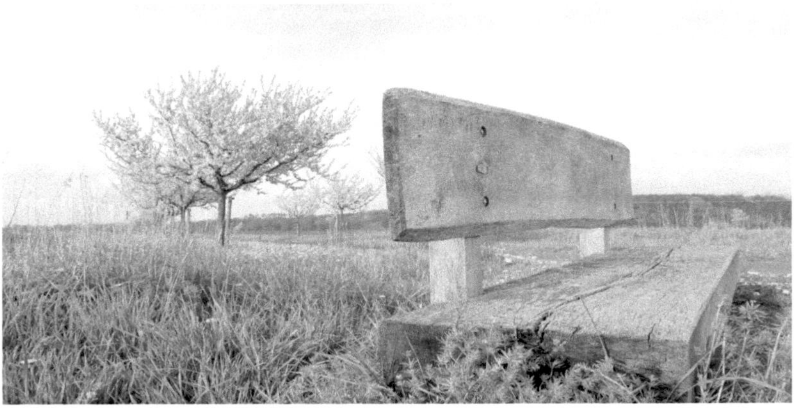

Zwei alte Freunde

Von Freundschaft und Zeit

So wie das Wasser im großen Rhein
Auf Wellen von stetiger Veränderung
Fließt Zeit in uns hinein
Und entreißt uns trübe Bilder der Erinnerung

So wie Wolken am blauen Himmel
Vermischt und getrieben vom Wind
Gleicht kein Augenblick dem anderen
Nur die Zeit bleibt unser ewiges Kind

Was bleibt ist Freundschaft
Wie eine Bastion gegen die Zeit
Behält sie ihr Gesicht

Werden auch die Augen matt und grau
Die Tage rasch vergehen
Und wir schon sinnlos
So manchen Freund begraben
Bleibt die Freundschaft doch bestehen

Sie ist in vielen Schlachten großgewachsen
Hat Liebeleien schwer getrotzt
Und uns an vielen Orten neu gefunden

Wo wir mit Freundschaft in die Zukunft gehen
Dort sie wieder inne hält
Und sich der Veränderung still entgegen stellt
Denn Freundschaft bleibt bestehen

In allen Straßen

Der Tag geht zu Ende
Mit der Dunkelheit kommt die
Nacht
Das Glas ist halb voll
Die Erinnerungen müssen gelöscht
Werden

Ich laufe durch die Straßen
Und suche dein Gesicht
Versuche, dich zu finden
In den Menschen und den Dingen
Denn das Gute in dir
Ist das Einzige, was Hoffnung macht

Schwarze Buchstaben erzählen von
Täglichen Katastrophen
Ich habe mich an sie gewöhnt
Das Leid Anderer lässt mich kalt
Der Schmerz, dich zu verlieren
Ist viel zu groß

Die Kriegsschauplätze rücken näher
Doch ich fliehe nicht
Mein Frieden ist längst verloren
Vergessen wofür man kämpft
Und was man dabei verliert
Zu hoch der Preis, um frei zu sein

Der Tag läuft an mir vorbei
Die Arbeit bleibt liegen
Die Freunde sind längst gegangen
Mein Zuhause hinter mir gelassen
Nur um dich zu suchen
Dich zu finden

Es scheint, als würde die Welt stillstehen
Und alles, was passiert
Ich drehe jeden Taler um
Um dein Gesicht darauf zu sehen
Ich laufe ohne stehen zu bleiben
Ernähre mich von meiner Sehnsucht
Ständig frage ich mich
Ob ich dich finde
Oder ob ich falsch liege
Dich zu suchen
In meinem Kopf existiert nichts Anderes
Als dein Gesicht

An welchen Orten ich schon war
Mit wem ich schon alles gesprochen habe
Was ich schon Alles sah
Es ist nichts
Wenn ich an dein Gesicht denke
Und an meine Liebe zu dir

Ich trinke das Glas leer
Und weiß jetzt
Alles andere ist egal
Es kann mir nichts passieren
Denn die Liebe zu dir
Ist das, was wirklich zählt
Was zählt

Ich laufe durch die Straßen
Und suche dein Gesicht
Versuche dich zu finden
In den Menschen und den Dingen
Denn das Gute in dir
Ist das Einzige, was Hoffnung macht

So ne kleine Rocker is dat

In unserer Gesellschaft treten ja immer häufiger sogenannte „Gesellschaftserkrankungen" auf. Z.B. Burnout, Mobbing, ADS oder ADHS bei Kindern wie Erwachsenen, Erschöpfungszustände, und bei Kindern ganz beliebt und gern vom Arzt diagnostiziert: *die Hyperaktivität.* Kinder sind dann zu aktiv, sie machen Lärm, halten sich nicht an Regeln, schlagen um sich, tun den anderen Kindern weh, machen Sachen kaputt und sind laut.

Bei uns am Niederrhein auch kleiner Rocker genannt.

Man kennt das ja, wenn Leutchen wie Fr. Hübner am Supermarktregal zwischen Jemüsesuppe und Quark von ihrem Enkel schwärmt:

„Ja der Martin, dat is schon so'ne kleine Rocker!

Der Kopp setzt sich durch sach ich Ihnen. Ich kann ihnen vertellen, wenn der den Ball haben will, dann holt der sich auch dat Ding. Aber wie der But Spencer aus de Boxereifilmen. Kennste die Filme? Wo der But Spencer von oben mit nem Schwinger dem Fiesling mit der Faust auf de Kopp hämmert und der durch de Holzboden innen Keller durch schießt. Der landet dann immer auf so'n Kohleberch inne letzte Etage. In so ne italienischen Fischerkneipen is ja allet us Holz. Die hamm ja ken Jeld da drüben.

Ja, von de paar Fische könn die ja kaum leben, die armen Schweine. Is ja alles heutzutage überfischt. Hier, mit de ganze, wie heißen die Dinger, mit de, Dingenskirchen, hier Fischtrawlers.

Wie soll da so'n en kleiner Pescatore da mit seinem Kutter überleben? Dat geht ja nich.

Da hat ja auch dieser Berlusconi sin Fingerkes im Spiel. Mafia. Allet Mafiosis.

Allet Verbrecher da drüben die Politicos. Da kann der jemeine Pizzabäcker von um de Ecke ja nix für.

Der Nino, Luca, Simone oder Alessandro und wie die alle heißen.

Ich ess ja auch gern Pizza. Hier die Magarita oder is dat jetzt en Getränk. Hier, Dingenskirchen, mit Eiswürfeln und Früchten. Oder heißt dat beides so?

Wer is eigentlich Magarita jewesen? Ich mein, die Frau wäre mal von der

spanischen Inquisition verfolgt worden. Die Magarita. Lang ist's her.
Is ja jetzt egal, so viel Zeit werden Sie ja auch gar nicht haben.
Aber um noch mal eben kurz auf den Martin sprechen zu kommen, der holt sich den Ball, sach ich Ihnen. Der knallt dem andern Bengel dann von oben auf den Kopp, dat der den Ball direkt los lässt.
Ja, der Martin. Ich möchte dat nicht befürworten. Gewalt is ja grundsätzlich falsch.
Aber der Jung setzt sich schon durch.
Dat is schon so'ne kleiner Rocker, der Martin. Dat sach ich ihnen aber, Herr Kersken."
Die italienische Margherita wird übrigens mit h geschrieben, falls Sie vorhatten eine Suchmaschine zu befragen.
Kinder diesen Formats wird dann gerne die so genannte psychisch-funktionelle Therapie im Rahmen der Ergotherapie verordnet. Die kleinen Rocker und Rockerinnen sollen dann strukturiert werden, Regeln lernen, Rollenverhalten ausbilden, durch Klettern, spielen, spüren und fehlende Entwicklung des Gehirnes nachholen. Das ist auch gut, auch schulische Probleme und fehlende Aktivität sowie soziale Kontakte werden dadurch ausgeglichen, wobei das Übel an der Wurzel zumeist nicht behandelt wird: Die Eltern.
Die Eltern erlauben das Playstationzocken, anstatt sie Bolzplatz oder Spielplatz Erfahrungen zu forcieren. Auch das häufige Überbehüten der Kinder führt zu Erfahrungsarmut. Viele Eltern drücken ihren Kindern schon früh Gedächtnisspiele und sonstige Hirnleistungsübungen aufs Auge, was im Übrigen genauso die kindgerechten Erfahrungen einschränkt wie Reizarmut über Playstationzocken. Lernen statt Toben bildet auch zum schlechten Schüler aus.
Ich erinnere mich da an einen kleinen Patienten, den ich im Rahmen meines Praktikums in einer pädiatrischen Praxis für Ergotherapie in Krefeld kennenlernen durfte. Es handelte sich dabei um die kleine, ebenso quirlige Chinesin Fang. Mit ihren sechs Jahren besuchte Fang einen Montessori Kindergarten und sie war nun mit etwas Verspätung bereit, auf die Grundschule zu wechseln.
Der Eindruck, den sie dabei bei den Erzieherinnen und Erziehern hinterließ, war allerdings alles andere als grundschulreif. Vielleicht lag es daran, dass sie der fünfjährigen Laura aus der Elefantengruppe in der Krabbelröhre mit einer Hartplastikschaufel eine Platzwunde über dem

Auge verpasste. Oder weil das ständige Bewerfen der Gruppenleiter mit Sand, manchmal auch mit Katzenkacke gemischt, einfach nur nervte.
Der Bogen wurde wahrlich überspannt, als die quirlige Fang ihre psychosexuelle Latenzperiode im elterlichen Hause auslebte. Die Eltern stammen aus gut bürgerlichem Hause. Sie sind vor zwölf Jahren aus Südchina in das kleine Elfrath gezogen und wohnen nun in kleiner Vorstadt Villa mit Blick auf den Elfrather See. Die Mutter Bao, was so viel heißt wie Schatz oder Juwel, ist eine zuverlässige Chefsekretärin in einer Anwaltskanzlei in Düsseldorf. Der Vater De, übersetzt Tugend oder Moral, arbeitet als Publizist und Korrespondent für eine lokale Zeitung westlich des Rheines.
Fang, was so viel wie wohlduftend oder duftend heißt, und die Wahl des Namens durch die Eltern war wohl überlegt, setzte die Mutter unter Schock, als sie nach ihrem Halbtagsjob bei einem Anwalt für Arbeitsschutz um halb drei nach Hause kam.
Als sie in der Diele des Eingangsbereiches am großmütterlichen, geerbten Barock Spiegel vorbeitrat, der den aus modern und asiatisch gemixten Stil mit dem barocken englischen verband, erstarrte Bao.
Auf dem Neunzig mal Neunzig großen Spiegel prangte ein mit Zahnpasta erstellter, zwar nur angedeuteter, aber gut zu erkennender, versteifter Penis hervor. Da nur Fang, die Wohlduftende, im Hause war, rief der Juwel des Hauses sofort nach ihr, um sie nach dem steifen Penis zu befragen.
Aber entgegen der Vorstellung, der ach so geradlinigen Bao, gestand Fang das Aufmalen des Zahnpastapenis, sie ging aber ohne sonderliche Gefühlsregung in ihr Zimmer zurück.
Auch das darauffolgende Schrei Gewitter, der aus der Fassung geratenen Bao, prallte an dem Kind wie chinesische Perlentropfen ab. Damit hatte Fang es geschafft, ihre Mutter zum ersten Mal seit 1998 wieder aus der Fassung zu bringen, nämlich als Bao in ihrer Heimat Hainan noch als Referendarin in einer Informatik Firma arbeitete, welche sich auf Werbung für Soziale Netzwerke spezialisiert hatte. An diesem Tag im Juni 1998 wollte sie ihren Marketing-Manager erklären, dass die von Bao erstellten Werbeanzeigen in dem Netzwerk tatsächlich auf die Suchhistorie des jeweiligen Users abgestimmt sind und daher dessen Bedarf erkennen. Zu diesem Zwecke öffnete sie dazu das Account Profil ihres Mannes und prompt erschien eine Werbeanzeige von Billy Boy. Bao erlitt einen Kollaps und war, ungewöhnlich für Chinesen, den Rest

des Tages krankgeschrieben.
Mit Hilfe der Energie, die durch den Schock verursacht wurde, versuchte Bao, die schicke Fang Zeichnung mit Einsatz ihres Allzweck Kling Herdplattenspachtels zu entfernen. Bao stellte entsetzt fest, dass sich, durch das Entfernen der Paste mit dem Spachtel Kratzspuren in Form eines versteiften Penis auf dem großmütterlichen Barock-Spiegel gebildet hatten.
Im Endeffekt war das der Tropfen, der das Fass zum Überlaufen und die Eltern zur Erkenntnis brachte, dass mit Fang irgendetwas nicht normal sei.
So landete Fang bei mir in der Praxis, wobei sie als allererstes an mir hochkletterte, um mich zu fragen, warum ich denn so wenig Haare auf dem Kopf hätte.
An diesem Beispiel wird deutlich, das nicht alleine Kinder an einer Fehlentwicklung Schuld tragen, sondern auch die Eltern ohne dass sie es merken, ihre kleinen Lieben durch ihr eigenes Vorleben in die falsche Richtung bringen.
Ich habe 2006 zu dem Thema Entwicklung und Erziehung einen kleinen Text geschrieben, der das Erziehungswesen ein wenig süffisant umschreibt und den hoffnungslosen Versuch eines gutbürgerlichen Schulleiters schildert, wie er seine Kinder und Ehefrau versucht in richtige Bahnen zu lenken. Dabei stellen sich folgende Fragen:
Kann man das? Will man das? Sollte man das?

Gespräch mit Bernd Arnsdorf über Franz Hindemith

Der Franz Hindemith, Leiter der örtlichen Berufschule für Ergotherapie
Möchte nicht länger Leiter der örtlichen Berufschule für Ergotherapie sein
Hat Hindemith gesagt
So Bernd Arnsdorf wörtlich zu mir auf dem Bergheimer Markt
Weil ihm sein ganzes Leben zu ergotherapeutisch geworden wäre
Und schon seine Kinder anfingen, darunter zu leiden
Die Erziehung sei ihm über den Kopf gewachsen und
Selbst alltägliche Dinge des Lebens würden in kompetenzzentrierten oder ausdruckszentrierten Methodiken zerbröselt und analysiert
Hat Hindemith zu Arnsdorf gesagt
Wörtlich

Die gestalterischen Ausbrüche der Kinder nahmen zunehmend unkontrollierte Formen an
Was sich in Ausbrüchen von Phantasie und der Wahrnehmung von ganz neuen
Erlebnisqualitäten und emotionalen Feuerwerken widerspiegelte
Laut Arnsdorf nach Hindemith
Wörtlich
Hindemith habe bemerkt
So Arnsdorf zu mir auf dem Bergheimer Markt
Dass er die Entwicklung von Frustrationstoleranz
Verbesserung von Ausdauer und Konzentration
Während des Spielverhaltens seiner Kinder
Nicht mehr unter Kontrolle habe
Geschweige denn beeinflussen könne
Nach Hindemith durch Arnsdorf
Zu mir
Wörtlich
So sei ihm zum Beispiel die Herstellung einer einfachen Marionette
Aus Pappmaché und Nylonfäden
Völlig aus der Hand geglitten
Nach Hindemith laut Arnsdorf
Die Fertigung des Körpergerüstes und
Des Spielkreuzes aus Holz
Unter konstruktiv-gestalterischen Aspekten
Habe demnach nicht zur Verbesserung von Integrationsfähigkeit und Konfliktbewältigung beigetragen
Oder der Kommunikation innerhalb der Gruppe gedient
So Arnsdorf nach Hindemith
Zu mir
Schlimmer
Das Marionettenmachen sei zu einer
Völlig ziellosen Spielerei entartet
Was Hindemith zu der Ansicht gebracht habe
Sein Leben total umzustellen
Sagt Arnsdorf
Wörtlich
Er wolle das mit der Ergotherapie jetzt komplett überdenken

Und mehr in Richtung Montessori leben
Hindemith habe jetzt einen Job als Fernfahrer angenommen
Um den Kindern mehr Freiheit zur Entwicklung und Entfaltung
Ihrer natürlichen Kenntnisse und Fähigkeiten zu gewährleisten
Außerdem habe sich Hindemith von seiner Frau
Charlotte Hindemith
Getrennt
Und sämtliche ergotherapeutischen Möbel und Hilfsmittel
Inklusive seiner Frau
Aus der gemeinsamen Wohnung in Hülsdonk
Entfernt
So Arnsdorf zu mir
Wörtlich
Nach Hindemith
Er wolle den Kindern eine ihnen gemäße Umgebung bieten
Es ginge Hindemith in erster Linie darum
Den Kindern die anthroposophische Lebensweise
Also die Übertragung menschlicher Eigenschaften
Auf Dinge oder Natur
Und die Steigerung des menschlichen Bewusstseins
Über die geistige Welt an sich
Näherzubringen
So Arnsdorf laut Hindemith
Wörtlich
Arnsdorf habe daraufhin nachgefragt
So Arnsdorf zu mir
Ob die Kinder durch die führerlose Erziehung und das Entbehren der Eltern
Auch gerade durch die Entfernung der Mutter
Und das ständige Umherfahren des Vaters
Nicht irgendwelche Schäden wie
Tendenzen zur Homosexualität oder zügelloser Entwicklung von
Politischen Quergedanken oder revolutionären Gedankenguts
Davontragen würden
Dieses verneine Hindemith
Und wies auf die Ganzheitlichkeit des Menschen hin
Der Mensch an sich neige dazu

Alles zu differenzieren, wobei
Der Charakter eines Einzelnen
Vielmehr durch die verschiedensten Faktoren gebildet und zu einem Ganzen
Wachsen würde
Und man Kindern diesen Prozess der Bildung des Charakters
Mit all seinen Auswüchsen und Läuterungen
Zustehen müsse
So Arnsdorf laut Hindemith
Zu mir
Wörtlich
Hindemith selbst habe diesen Prozess nie ausleben dürfen
Tatsächlich musste er einmal drei Tage lang
Im Keller seines Elternhauses in Wuppertal
Mit Omas ungeliebtem Rhababerpfannkuchen und warmer Milch
Verbringen
Nur weil er beim Murmelknickern
Seiner damals neunjährigen Nachbarstochter
Aus Versehen
Eine Murmel unter den Sommerrock geknickert hatte
Sagt Arnsdorf laut Hindemith
Zu mir
Nach den neu gemachten Erfahrungen
Und Leben verändernden Maßnahmen
Wie das Entfernen der eigenen Frau
Und die Aufgabe der Stelle des
Schulleiters der örtlichen Berufsschule für Ergotherapie
Und der Umschulung zum Fernfahrer
Wolle Hindemith diese Art Selbstfindung
Inklusive der Möglichkeit des straflosen Knickerns mit Nachbarstöchtern
Seinen eigenen Kindern
Zugestehen und vorantreiben
So Arnsdorf zu mir
Wobei alles natürlich im Rahmen der Montessorischen Zielsetzung
Und pädagogischen Modellansätzen ablaufen solle
Frei nach dem Motto
Zielloses Knickern fördert das Bewusstsein des Heranwachsenden

Und gibt unserer Gesellschaft eine neue Richtung
Laut Arnsdorf von Hindemith
Zu mir
Wörtlich
Auf dem Bergheimer Markt
Das Besuchen einer diversen Waldorf Schule
Hielte Hindemith aber für übertrieben
Fügte Arnsdorf noch hinzu

Steffen Kersken 01\06

Selbstwert

Der sogenannte Selbstwert ist ein weiter Begriff in der Psychologie. Der Selbstwert ist eine Bewertung der eigenen Fähigkeiten, auch basierend auf gemachten Erfahrungen und täglichen Lebenssituationen. Bei einigen Menschen fällt die Selbstbewertung oft sehr subjektiv aus, wodurch sich viele Menschen eher minderwertig fühlen, also ein geringes Selbstwertgefühl besitzen. Die Bewertung des eigenen Scheiterns gerät oft eher in den Focus als die Bewertung der Dinge, die im Alltag gut gemeistert werden. Wir richten unser Auge oft mehr auf die Dinge, die schlecht laufen und vergessen schlicht und einfach unsere Ressourcen, also dass, was wir gut können. Wer wir sind und was uns in der Realität wirklich ausmacht entspricht oft nicht dem eigenen Erleben. Wir schaffen uns unsere subjektive Realität, in der wir uns schlechter sehen als uns vielleicht andere im Alltag erleben. Öfter mal den Blick auf unsere eigenen Stärken zu werfen, kann uns helfen, dass wir uns wieder selbst finden. Wir dürfen uns durchaus auch selbst loben. Ja, dass dürfen wir!
Selbstlob muss nicht immer stinken! Oft gerät der Selbstwert aus den Fugen, wenn Bezugspersonen uns früher oder auch heute wenig Wertschätzung und Anerkennung schenken oder geschenkt haben, dann kann das Jagen nach Bestätigung zur Qual werden und wir können auch meistens die eigenen Ansprüche nie erfüllen. Wir verlieren bei der ganzen Jagd nach Anerkennung eine zielgerichtete, selbstorientierte Lebensausrichtung. Ich erinnere mich noch an eine Unterhaltung in Koblenz.

Nach einer Lesung suchte mich eine junge Frau auf und sie erzählte mir eine interessante Geschichte. Sie war gerade dabei, ein Jurastudium erfolgreich zu beenden und sie spielte in einer Frauenmannschaft Badminton, schließlich wurde sie sogar in die Auswahlmannschaft des Deutschen Badminton Bundes gesichtet. Eigentlich eine erfolgreiche Geschichte, diese Frau wusste, dass sie Rechtsanwältin werden wollte und als Spielerin hatte sie sich in einem Team behauptet. Diese Frau war also zielstrebig, sie konnte sich durchsetzen und sich auch privat verwirklichen.
„Da war aber diese Praktikumskollegin“, erzählte sie mir.
„Diese Kollegin sagte mir mal auf einer Weihnachtsfeier, “Du bist wie ein Mauerblümchen. Du sprichst kaum, du kommst kaum mit uns raus und du trägst niemals Rock. Wie so eine verwelkte Blüte“.
Herr Kersken, das was diese Frau zu mir sagte, verfolgt mich jetzt mein Leben lang. Ich habe Angst unter Leute zu gehen, ich denke immer, was wohl die Leute jetzt über mich denken mögen, “die sieht aber bieder aus“ oder “Mann oh Mann, ist die Frau aber unsicher.“ Ich habe jetzt das Badmintonspielen aufgegeben und auch der Umgang mit Rechtsanwälten fällt mir immer schwerer. Ich denke immer „Schaut her, da kommt das Mauerblümchen wieder, diese Frau kann sich doch nicht durchsetzen.“ Ich kriege die verwelkte Blüte nicht mehr aus dem Kopf, das verfolgt mich im ganzen Alltag!“
Eine junge Frau scheitert, obwohl sie attraktiv und erfolgreich ist, aber nicht. weil diese Frau nicht gut ist in dem. was sie tut und was sie anpackt. Nein. Ihr Kopf sagt, sie sei ein Mauerblümchen.
Sie scheitert nicht an den Aufgaben, die ihr das Leben stellt. Nein. Sie scheitert an sich selbst und an ihrer Realität, die in ihrem Kopf existiert. „Du bist wie eine verwelkte Blüte!“ Dieser Satz hat eine erfolgreiche Frau aus der Bahn geworfen.
Wir haben beide an diesem Abend lange darüber gesprochen. Was aus ihr geworden ist, weiß ich nicht. Sie hat mich zu dem Text „Blossom at the wall“ inspiriert, dieses Gedicht handelt von einem Mauerblümchen aus der Gattung der Helianthemum, eine endemische Pflanze, die nur auf Gran Canaria wächst. Das Blümchen findet sich häufig an Häuserwänden und Mauern, sie lässt die kahlen Mauern nicht trist erscheinen und diese Mauerblume verschönert mit seinem Charme jedes einfache Haus. Der Name der Pflanze ist „haariges Sonnenröschen“, welches auf Spanisch

„Peludo rosa del sol" heißt.
Der haarige Stängel macht die Pflanze zum einen stark und robust, aber durch ihre Farben wirkt sie verletzlich, zart und klein zugleich. Die junge Frau erschien mir, wie das Sonnenröschen, zum einen stark und robust, aber sie ist im Innern verletzlich und klein.
Das Sonnenröschen ist vom Aussterben bedroht, weil es nur noch wenige ihrer Gattung gibt. Sie findet man auch in Puerto Mogàn, ein kleines Paradies auf Gran Canaria, umrandet von bedrohlich wirkender Berglandschaft. Die junge Frau hat sich genauso gefühlt, nämlich wie ein Mauerblümchen, welches von der Sonne beschienen wird und sie wird von den Bedrohungen des Lebens umrandet.

Blossom at the wall

In Puerto Mogàn steht eine unscheinbare Wand
Diese Mauer trennt Wasser und Land
Sie ist vom Wind und Meer geformt
Die Zeit hat ihre Farbe ins Weiß verblasst
Jene Mauer wird weder geliebt
Noch wird sie gehasst

Doch auf ihr rankt ein kleines Blümchen
Sie wirkt klein und mager wie ein Würmchen
Hier auf dieser Mauer hat sie Fuß gefasst
Aber dieses Pflänzchen wird geliebt
Und nicht gehasst

Peludo rosa del sol
Die Himmelssonne bescheint deine Blüten
Und du gibst mit deinen Farben
Der Mauer einen Namen
Peludo rosa del sol
Die Wand der Mauer ist dick
Doch auf deine Schönheit fällt der Menschenblick
Peluda rosa del sol
Du bist von bedrohlichen Bergen umgeben
Die Menschen führen dich auf Eis

Damit du deinen Stand verlierst
Sie verdrehen die Wahrheit mit ihren Zungen
Damit du deinen Glauben riskierst
Große Hände wollen dich pflücken
Ihre Finger möchten dich in eine dunkle Schachtel stecken
Du sollst nichts mehr hören und nichts mehr sehen
Und von deinen Träumen entrücken
Sie füttern dich mit Abfällen
Bedrängen dich mit Lügen
Und sie blenden dich mit Sprüchen
Aber dass Du dich selbst entfremdest
Ist ihnen ein Vergnügen

Peluda rosa del sol
Du bist allein in dieser Nacht
Denn in der Schachtel kann dich niemand hören
Du hörst sie draußen laufen
Mit ihren weißen Mänteln und reinem Gewissen
Sie versuchen auch Gott zu betören

Aber hier in dieser Nacht
Musst du dich wiederfinden
Lausche deinem Herz
Es schlägt
Blicke in deine Seele
Sie lacht

Peluda rosa del sol
Kleines Mauerblümchen
In deiner Seele finde ich die Kraft
Ihre Farben leuchten hell
Durch dich finde ich meinen Weg
Deine Form erscheint sanft engelhaft
In dir erkenne ich die wahre Schönheit
Und du heilst den Schmerz mit seinen Narben

So glaube an dich
Mauerblümchen
Auch in einsamer Nacht
Hab keine Ängste mehr
Denn du hast in dieser Welt
Längst Großes erbracht
Großes erbracht

In Puerto Mogàn steht eine unscheinbare Wand
Diese Mauer trennt Wasser und Land
Sie ist vom Wind und Meer geformt
Die Zeit hat ihre Farbe ins Weiß verblasst
Jene Mauer wird weder geliebt
Noch wird sie gehasst

Doch auf ihr rankt ein kleines Blümchen
Sie wirkt klein und mager wie ein Würmchen
Hier auf dieser Mauer hat sie Fuß gefasst
Aber dieses Pflänzchen wird geliebt
Und nicht gehasst

Peludo rosa del sol
Die Himmelssonne bescheint deine Blüten
Und du gibst mit deinen Farben
Der Mauer einen Namen
Peludo rosa del sol
Die Wand der Mauer ist dick
Doch auf Deine Schönheit fällt der Menschenblick

Hab keine Ängste mehr
Auch in einsamer Nacht
Denn du hast in dieser Welt
Längst Großes erbracht

Extra-Tipp: Wie steigere ich mein Selbstbewusstsein und mein Selbstwertgefühl?
Ich würde Selbstbewusstsein und Selbstvertrauen einfach so ausdrücken:
Selbstbewusstsein = Das Bewusstsein für sich selbst, also du weißt genau was dir gut tut, was dir schadet, welche Eigenschaften deine Schwächen und Stärken sind.

Selbstvertrauen = Du hast ein gutes Selbstvertrauen, wenn du deine Bedürfnisse äußern kannst,du deine Bedürfnisse durchsetzen kannst, du deine Stärken nutzen kannst, um deine Schwächen abzufangen. Du bist Selbstbewusst, wenn deine Körpersprache es zeigt.
Ich habe einmal ein paar Tipps zusammen gefasst, die andere Menschen anwenden und mir verraten haben:

- Das wichtigste Wort in meinem Leben: „Ich“

Das bedeutet nicht, dass ich jetzt wer weiß wie egoistische werde, nein, ich rücke mich selbst mehr in das Zentrum meiner eigenen Welt. Mein Leben ist meine Welt und da spiele ich die Hauptrolle! Du kannst dich einmal vor den Spiegel stellen und dich komplett sehen. Sieh dich selbst! Du sprichst dann deinen Namen laut aus und zählst einmal laut auf, was du möchtest und was deine Bedürfnisse sind. Du schaust dir dabei in die Augen und du benennst deine Wünsche! Du nimmst dich wahr, du nimmst dich selbst wichtig!

- Du kannst dir negative Verhaltensweisen bewusst machen und verändern. Wir besitzen sogenannte Verhaltensprogramme, die teilweise erwünscht sind, weil wir damit Erfolg haben, aber auch unerwünschte Programme, die uns eher hemmen. Du kannst dir einmal aufschreiben, in welchen Situationen du dich nicht so verhalten hast, wie du es dir wünscht. Beispiel: Mein Chef hat mir wieder die Überstunden aufgebrummt, weil ich in der Teamsitzung nichts von dem Geburtstag meines Mannes gesagt habe. → Ich habe geschwiegen, anstatt mein Bedürfnis zu äußern.

Formuliere dir vor der Teamsitzung Hilfssätze, die du in solchen Situationen verwenden kannst, um deine Bedürfnisse auszudrücken. „Ich würde gerne die Überstunden übernehmen, aber das kommt mir zu kurzfristig, da mein Mann morgen Geburtstag hat und ich dadurch mit Vorbereitungen und Gästeempfang verplant bin. Es wäre schön, wenn eine

Kollegin diesen Samstag übernehmen könnte, ich würde dann beim nächsten Mal gerne wieder aushelfen!". So bist du besser vorbereitet, du erkennst und überschreibst deine schlechten Verhaltensangewohnheiten. Du bist Selbstbewusster, weil du deinen Bedürfnissen mehr Wert gibst!

- Grübeln über Probleme stoppen, durch das Konzentrieren auf Lösungsansätze! Wir neigen dazu, uns in den negativen Gedanken um das Scheitern und Versagen im Kreis zu drehen. Viele Menschen kennen das Grübeln des Nächtens und sie wälzen sich von links nach rechts.

Du solltest dir ein klares Stoppschild setzen und dich auf die Lösungen konzentrieren und dir nicht immer die Situation durch den Kopf gehen lassen mit all den dazugehörigen Gefühlen, in welcher du gescheitert bist. Du solltest vielmehr an Lösungen arbeiten, indem du dir Hilfe holst oder aktiv wirst. Beispiel: Durch Mobbing habe ich den Arbeitsplatz verloren. Das ist eine unveränderbare Tatsache! Ich grübele nicht mehr darüber nach und ich erinnere mich auch nicht mehr an einzelne Schreibtischsituationen und gehe sie im Kopf durch oder ich spiele sie durch und frage mich, wenn ich mich anders verhalten hätte usw. NEIN! STOPP! Ich schreibe genau auf, welche Schritte ich nun angehen werde:
→ Kontakt zum Rechtsanwalt aufnehmen wegen Abfindung.
→ Im Bekanntenkreis nachfragen, ob Jobs vermittelt werden können
→ Infos beim Arbeitsamt einholen, neu orientieren.
→ Bewerbungen schreiben, Telefonate führen, persönlich vorstellen
→ Vernünftige Tätigkeiten für die Woche planen, damit ich etwas zu tun habe und nicht in Selbstmitleid zerfließe. Etc.
→ Leute anrufen und sich verabreden, soziale Kontakte nutzen, um sich nicht zu verkriechen.

- Angst stoppt mein positives Handeln! Angst begleitet uns immer im Leben, wie Liebe, Trauer, Schmerz, und sie beginnt im Kopf. Ich muss mein Gefühl und meine subjektive Bewertung zu diesem Gefühl verändern. Ich muss wissen, das sie immer da sein wird, wenn ich einen Vortrag halte, aber ich entscheide selbst, ob sie überhand über mich gewinnt. Wenn ich weiß, dass ich gut vorbereitet bin, dann ist die Angst da, aber sie muss mich nicht beherrschen. Hier gilt: Angst kannst du nicht unterdrücken, aber du musst ihr nicht zu viel Beachtung und Wert beimessen. Sie ist da, ich kann sie nicht abstellen, aber ich mache jetzt mein Ding, weil ich vorbereitet bin! Und beim nächsten Mal nehme ich diese Erfahrung mit und diese Erfahrung hilft mir noch besser, um meine Angst an den Rand zu drängen!

- Ich bin einmalig! Damit ist nicht gemeint: „Ich bin ein Held!“, nein,

es bedeutet: Du hast Stärken und Schwächen, die dich von anderen Menschen unterscheiden. Nutze deine Stärken und akzeptiere deine Fehler. Du darfst Fehler machen, also akzeptiere deine Macken. Du kannst ja auch an ihnen arbeiten! Vor allem aber sei dir deiner Stärken bewusst, denn wir können mit ihnen alles erreichen. Von einem Pflaumenbaum können wir keine Äpfel ernten, auch wenn du so oft und gut es geht dich verbiegst, es wird dir nicht gelingen! Aber wenn du auf deine Stärken achtest und du sie pflegst, also die Pflaumen gut kultivierst, dann wirst du leckere und gute Pflaumen ernten können.

- Ziele führen zu mehr Selbstwert! Der schnöde Alltag führt oft dazu, dass wir abstumpfen. Du kannst dich mit Zielen unabhängig von anderen Menschen und Abhängigkeitsverhältnissen machen. Oft geben wir dem Job zu viel Bedeutung und verlieren dabei den Blick für andere Werte. Du kannst dir aber durch kleine und große Tätigkeiten, die deine Stärken fördern, neuen Wert geben. Ziele können deine Stärken fördern und dir selbst mehr Wert geben:

→ Ich trete einem Fußballverein bei, um auch neue Kontakte zu knüpfen.
→ Ich schnappe mir am Wochenende ein Igluzelt und fahre nach Holland an die See. Einfach so. Etc.

Auch kleine Ziele entfalten uns in unserem Sein, wir müssen diesen Zielen nur den nötigen Wert geben!

- Machen, nicht Schwatten! Nicht nachdenken verändert mein Leben, sondern vorausdenken und Umsetzung. Ich tue einfach das, was mir gefällt, und ich lerne dadurch ganz neue Erfahrungen kennen. Ich wachse dadurch und damit wächst mein Selbstbewusstsein. Wenn du Lebensträume hast oder Vorstellungen, wo du in fünf Jahren gerne stehen möchtest, dann schreib diese Träume auf und du solltest versuchen, diese Träume zu leben und nicht nur darüber nachzudenken.
- Ich bringe anderen Nutzen, ohne es zu müssen! Es gibt nichts schöneres als ein „Danke“ zu hören oder „Dat haste echt jut gemacht“ und zwar für eine Tätigkeit, die wir nicht zwangsweise

verrichten müssen oder weil es uns der Job vorschreibt. Du kannst ja mal einfach deinen Nachbarn anbieten, auf die Kinder aufzupassen, damit sie ins Kino gehen können, sie werden es dir danken. Du könntest aber auch eine Jugendmannschaft in einem Verein trainieren, und das ohne große Bezahlung, sondern einfach, weil du es gut kannst und es dir Spaß bereitet. Du bekommst garantiert etwas Echtes dafür zurück! Du darfst dich dann auch selbst dafür achten und dich selbst loben, du kannst dich selbst mehr mögen!

Niederrheinische Kettenreaktion

Weißt du, wat 'ne niederrheinische Kettenreaktion ist? Nee? Dann vertell ich dir dat mal! Wissenschaftler allgemein behaupten, dass wir in einem Raum- und Zeit-Kontinuum leben. Wat is dat denn? Der Relativitätstheorie von Albert Einstein zur Folge leben wir in einer vierdimensionalen Struktur von Raum und Zeit. Niederrheinisch orientiert ausgedrückt sind Raum und Zeit miteinander gekoppelt, also Materie und Zeit. Wir haben durch unser Handeln bedingt, sowie durch unsere Materie und Masse Einfluss auf den Raum und wir lösen dadurch ein Ereignis aus. Ereignisse dürften das gesamte System aber im Normalfall nicht beeinflussen, das heißt, ein Ereignis bedingt zwangsweise nicht ein anderes Ereignis, die Kausalität eines Ereignisses ist nach Einstein immer unabhängig. Es passiert etwas und gut ist. Kleine Veränderung gleich kleine Wirkung und keine dauerhafte Folgekette.
Einstein kannte scheinbar nicht die Niederrheiner!
Die Theorie von Einstein definiert die Ereignisse in Raum und Zeit mit folgender Formel:
$(ds)^2=(cdt)^2-(dx)^2-(dy)^2-(dz)^2$
Ich habe neuste Untersuchungen der Fachgruppe Physik der Uni Köln vorliegen, die das Phänomen der niederrheinischen Kettenreaktion untersucht haben. Das Ergebnis der Fachgruppe Physik: Der Niederrheiner durchbricht das Raum-Zeit-Kontinuum und sein Verhalten führt als Folge zu einem Ereignis, das ein weiteres Ereignis bedingt! Nach Einstein sollte eine solche Folgekette gar nicht existieren! Dieses neuartige Phänomen wurde jedoch nur bei Niederrheinern belegt und mit folgender Formel erfasst:
$(ds)^2=(cdt)^2-(dx)^2-\mathbf{(dy)^3-(dz^3)}$
Mit einem Hobbyphysiker aus Orsoy fing alles ganz harmlos an:
Rentner Detlef Schneemann saß in seinem Schrebergarten Häuschen in der Nähe von Rheinberg, er trank eine Flasche Königs Pilsener und er blickte wie jeden Tag aus dem Fenster in seinen Garten. Schneemann saß im Sommer meistens auf der Terrasse, aber jetzt im Herbst wurde es ihm ein wenig zu frisch, vor allem weil das Köpi ihn auch immer von innen kühlte. An diesem schönen Montagvormittag fiel es ihm wie Schuppen aus den Augen! Er schob erschrocken die Pulle zur Seite!
„Das ist ja unglaublich!“, schrie er laut auf!

Schneemann hatte nun schon seit zwei Wochen einen Eichelhäher beobachtet, welcher eine Eichel als Wintervorrat neben die Eiche in Schneemanns Schrebergarten vergrub. Sobald der Eichelhäher verschwand, erschien ein Eichhörnchen, welches die Eichel ausgrub und sie wiederum ein Stück weiter zwischen Eiche und Kompost vergrub. Immer wenn das Eichhörnchen nun wiederum verschwand, erschien der Eichelhäher erneut und grub die Eichel am Kompost aus, um sie wieder neben der alten Eiche zu vergraben. So ging dat hin und her und nicht enden wollend! Ein Ereignis hatte ein anderes Ereignis zur Folge und die Kette endete nicht! Schneemann hatte Einsteins Theorie von der Realität entkräftet, und zwar in einem Schrebergarten in Orsoy bei Rheinberg! Er überschrieb seine neu gewonnenen Erkenntnisse nach ein paar Pils und Obstlerbrand in die oben genannte Formel und schickte diese zur Uni Köln. Die Fachkommission für Physik an der Uni nahm zunächst keine Notiz von Detlef Schneemanns Formel, aber als der Professor auf der Weihnachtsfeier des Kollegiums, wie jedes Jahr, die lustigsten Einsendungen der Physiktheorien vorlas, fiel es auch den renommierten Physikern wie Schuppen aus sämtlichen Ritzen. Schneemann hatte da etwas entdeckt und sofort wurde eine Untersuchungskommission mit dem Namen „Niederrheinische Kettenreaktion“ gegründet und Vorfälle auch bei Menschen am Niederrhein untersucht. Die niederrheinische Kettenreaktion ist seit dem Herbst 2006 damit wissenschaftlich bestätigt und ihre Auswirkungen auf das große Ganze und den Rest der Welt sind noch unklar! Studien dazu starten 2014! Die erste niederrheinische Kette wurde 2005 in Wachtendonk ausgemacht, als sich Markus B. einen Tag vor seiner Jagdprüfung im Liebesspiel mit der flinken, portugiesischen Austauschschülerin Leonor verletzte. Markus B. wähnte sich für die hiesige Beizjagdprüfung gut gewappnet und er gönnte sich nach einjähriger, intensiver Ausbildung mit dem Falken „Roland“ ein Gläschen in seiner Stammkneipe und an dieser Stelle beginnt die niederrheinische Kette, weil Markus B. etwas für ihn Untypisches tat. Markus B. konnte ja nicht ahnen, dass in der sonst so biederen Jagdkneipe die komplette portugiesische Austauschklasse aus Wachtendonk ihren Abschied feierte.
Die Kette, bzw. das unerwartete Liebesspiel, hatte schwere Folgen für den Beizjagd Prüfer Johannes W., der Leidtragender dieser Kette wurde, aber dazu später mehr. Die Beizjagd ist eine alte, traditionelle Jagd mit einem Greifvogel wie Falken, bei der keine Schusswaffen eingesetzt werden. Auf

Kommandos des Führers, die mühselig antrainiert werden, stürzt sich bei dieser Jagdart der Greifvogel auf sein Opfer. Markus B. und der Sakerfalke „Roland“ wurden zu einem grandiosem Team, der Niederrheiner sacht auch: „Die sind ein Kopp und ein Arsch!“*
Der Sakerfalke arbeitet bei der Beizjagd eng mit seinem Führer zusammen und auf das Kommando „Roland“ stürzt er sich gezielt auf seine Beutetiere, wie Rebhühner oder Fasane. Für Markus B. war es mit dieser nicht weiter erwähnten Verletzung nicht möglich, an der Prüfung teilzunehmen. Sein Freund Anton K. schuldete ihm aber noch einen Gefallen und Markus B. bat ihm, statt seiner zu der Beizjagd zu erscheinen, natürlich unter dem Namen Markus B. Er gab Anton K. per Whats App die wichtigsten Kommandos für „Roland“ durch und war frohen Mutes, da „Roland“ auch ohne ihn diese Prüfung meistern würde, zumindest hätte der Falke alle Manöver blind fliegen können.
Die Rechnung hatte er wohl ohne den Wirt gemacht, denn gerade nach dem Kommando „Roland“, als der stolze Sakerfalke sich auf das verschreckte Rebhuhn stürzen wollte, zückte Anton K. sein Jagdgewehr Blaser Bock Büchs Flinte Modell 94, dass er von seinem Großvater erbte. Anton K. traf den Sakerfalken „Roland“, wohl eher zufällig, im Sturzflug, sodass der Vogel seine Flugbahn in 30 Meter Höhe verließ und er mit einem dumpfen Schlag direkt in das vor den Augen vorgehaltene Fernglas von Prüfer Johannes W. schlug. Johannes W. brach sofort mit einer beidseitigen Augapfelprellung zusammen. Gott sei Dank erblindete Johannes W. nicht, aber er wurde eindeutig Opfer einer niederrheinischen Folgekette. Was lernen wir aus dieser Geschichte? Bei der Beizjagd wird nicht auf den Greifvogel geschossen und mit Whats App kann man nicht *alles* mitteilen!
Ich selbst und mein Kumpel Wolle sind bereits des öfteren Teil, Auslöser und Opfer einer niederrheinischen Kettenreaktion gewesen. Ich erinnere mich da zum Beispiel an eine Lesung in Krakau. Wir wollten nach meiner Lesung in einem deutschen Hotel ein wenig die Stadt kennenlernen. Wolle und ich besichtigten die Weichsel, den Dom, das Denkmal der Holocaust Opfer und den Palast von Bischof Ciolek und Abends sind wir dann in die gemütliche Mirk Bar eingekehrt. Die Mirk Bar war in zwei Räume getrennt. Im ersten Raum befand sich die saubere Theke, die an der Vorderseite mit Teakholz ausgestattet war. Auf der Theke verliefen diverse LED Lichtleisten, die die verschiedensten Flaschen als leuchtende

Kunstwerke erschienen ließ. Im anderen Raum befanden sich einige Tische und eine quadratische Tanzfläche in der Mitte des Saales. Außer Wolle und mir befanden sich im Thekenbereich keine weiteren Gäste und natürlich Pauline, die Thekenbedienung, eine 23jährige Chemie Studentin, die ihr Studium mit Kellnern finanzierte. An der Tanzfläche im Nebenraum waren allerdings zehn Engländerinnen versammelt, und zwar wie sie im Buche stehen. Die Mädels hatten Wodka Energizer am Hals und sie waren allesamt mit den verschiedensten Miniröcken und mit neonangehauchten Farbkombinationen bekleidet. Die Farbkombinationen reichten dabei von dunkel- bis hellpink! Sie torkelten gestikulierend und tanzend zu Bon Jovis „It`s my Life“ auf der Tanzfläche herum, wobei einige Mädels dabei zu Boden vielen. Eben eine englische Fete! Ein absoluter Grund die Tanzfläche, wie ich es auch sonst tue, zu meiden. Mein alter Leitspruch:
„Ich tanze nur, wenn Sex dabei rausspringt!“, sollte hier nicht zur Geltung kommen!
In solchen Situationen gilt eher mein selbst gereimtes Gedicht:

„Das Leben spielt dir wieder dolle
Es brechen alle Dämme
und du betrinkst dich in ner dunklen Kaschemme
Dem Leben kannst Du nichts mehr abgewinnen
Aber da kann doch noch kommen was wolle:
Ich lass meine Finger von den Engländerinnen!“

„Bon Jovi – It`s my Life! Dein Lieblingssong Wolle! Willste nicht tanzen gehen?“, scherzte ich Richtung Wolle und ich hätte ihn gerne in den Fängen von pinken Miniröcken gesehen, aber er beachtete mich gar nicht, sondern war in ein Gespräch mit Pauline vertieft. Sie lächelten sich an und beachteten mich gar nicht.
Sollte mein Schicksal hier mit zehn besoffenen Engländerinnen besiegelt werden? Noch hatten sie uns nicht entdeckt, also flüsterte ich über Wolles Schulter hinweg:
„Wolle! Hier sind zehn besoffene Engländerinnen! Ich mach mir en Biscken Sorgen gerade!“
„Störe mich jetzt nicht, ich bin am Arbeiten!“

Wo hatte ich diesen Satz schon einmal gehört? Ich glaube mir hatte jemand diesen Satz schon einmal in einer Kneipe in Köln um die Ohren gehauen, aber das ist eine andere Geschichte. Wolle schien beschäftigt und ich wurde nur nervöser, weil englisches Gebrabbel näher zu kommen schien.

„Ich geh mal zum WC! Wo finde ich das?“, rief ich Pauline zu, die ein wenig Deutsch verstand.

„Du gehen hier hinter Theke rum, durch Gang, dann rechts!“, antwortete sie mir.

Ich ließ die beiden stehen und durchquerte den Gang. Die niederrheinische Kettenreaktion begann genau an dieser Stelle, weil ich etwas tat, was ich sonst nicht tue, und am Ende sollte es einen unschuldigen Kellner namens Tomasz besonders hart treffen. Aber dazu später mehr.

„Am Ende rechts“, dachte ich noch, während ich am Ende des Ganges fast gleichzeitig und unverhofft in den Saal mit der Tanzfläche eintrat!

„Ach du Scheiße!“, kam es aus mir heraus, während ich wie in Zeitlupe beobachten konnte, wie die Engländerinnen ihre pinken Röcke herumwirbelten und sie mich freudestrahlend erblickten. Meine Pupillen erweiterten sich schlagartig vor Angst.

„Hi boy!“, „Come dancing!“, „Sweety touch me!“, „Don`t be afraid!“, und

„Enjoy it!“ waren Wortfetzen, die ich noch hören konnte, während das Rudel über mich herfiel, um mich mit vielen klebrigen Händen auf die Tanzfläche zu ziehen.

Ein einzelnes, schutzloses Lämmchen von der Herde getrennt war für das Rudel eine leichte Beute. Wie konnte ich nur so amateurhaft sein! Mit letzter Kraft und einigen Handball-Stürmerfouls rettete ich mich auf die Toilette. Das WC war, wie oft in Polen, in einem Hinterhof ausgelagert, und aus Holz zu einem kleinen Häuschen zusammengeschustert. „Egal, Hauptsache in Sicherheit!“, dachte ich noch.

„Mein Gott! Wie komme ich da lebend raus?“, fragte ich mich. Mein Handy war in der Jacke bei Wolle und er war ja eh abgelenkt. Verzweifelt stützte ich mich auf das Waschbecken ab. Das war ein Fehler, wie ich sofort bemerkte, denn diese Handlung leitete den nächsten Schritt in der Kette ein, also das folgende Ereignis zu dem Ereignis. Ein Geräusch versetzte mich in Alarmbereitschaft und es hörte sich so an, als wenn Du

ein Messer an einem Stück Keramik langziehst.
„Ratsch!“, machte es. Ich hielt urplötzlich das Waschbecken in der Hand und schon gleich darauf ertönte ein weiteres Geräusch. Das hörte sich ein wenig anders an, nämlich so als pinkelte man auf nackten Asphalt.
„Plätscher, Plätscher!“, machte es. Ich hatte das Waschbecken komplett aus der Wand gerissen und das Wasser lief aus allen Rohren.
„Ach du Scheiße!“, wiederholte ich mich von vorhin!
„Wat machse jetzt. Behalt kühlen Kopp! Hasse Werkzeug dabei? Nein! Kennze en Klempner, dene Anrufen kannst? Ja, Weeerneer! Aber der is in Oestrum und nicht in Krakau! Schitte! Weglaufen geht wohl auch nicht, dat macht man nicht! Also steck wieder rein!“, und ich steckte das Waschbecken wieder vorsichtig in den Wandrahmen ein.
„Jetzt bloß nicht hektisch bewegen!“, ging ich mit leisen Schritten aus dem Holzverschlag hinaus. Ich tippelte mit verkniffenen Augen durch den Hinterhof, in der Hoffnung, kein Geräusch mehr zu hören.
„Kascheeeemmm, Klirr, Plätscher, Plätscher!“, ertönte eine ganze Abfolge an Geräuschen aus dem Holzverschlag! „Ach du Scheiße!“, bemerkte ich zum dritten Mal! „Wat machse jetzt. Behalt kühlen Kopp! Hasse Werkzeug dabei? Nein!
Kennze en Klempner, dene Anrufen kannst? Ja, Weeerneer! Aber der is in Oestrum und nicht in Krakau! Schitte! Ich glaub, weglaufen is jetzt doch ganz jut! Aber wie komm ich anne zehn Engländerinnen vorbei? Die zerreißen mich doch? Wat sacht die Psychologie zu so'ne Situation? Positiv verstärken, um Zugang zum Gegenüber zu bekommen, in diesem Fall ist mein Gegenüber mein Gegner! Aber wat mögen die Engländerinnen denn jetzt? Wie kann ich die positiv zu meinem Nutzen verstärken? Tanzen! Schitte! Gerade dat auch noch! Aber da machste jetzt nix dran! Da musse durch, durch die Engländerinnen. Machse einfach Polonaise!“, dachte ich noch vollkommen unter Schock. Ich betrat daraufhin erneut den Raum des Schreckens und ich war auf das Schlimmste gefasst. Pinke Röcke wirbelten augenblicklich herum und Gesicht verzerrte Figuren kamen auf mich zu, die mit ihren Fratzen wilde Entschlossenheit zum Ausdruck brachten, so als würde auf ihrer Stirn stehen:
„Take me now and take me hard!“. „Bleib cool!“, dachte ich ein letztes mal und ich rief laut über die Tanzfläche: “Polonaise! Cheers!“, womit ich ein hochgedrungenes Kreischen verursachte. Ich wurde von einer

Mittvierzigerin an den Schultern erfasst und herumgerissen, alsbald sich dann die Anderen neun Chicken anschlossen.
Zu „American Pie von Don Mclean“ überquerte ich winkend im Takt mit zehn pink eingefärbten wilden Tieren die Tanzfläche Richtung Thekenbereich und bog zu Wolle und Pauline in den ersten Saal ein. Pauline erschreckte und Wolle drehte sich ruckartig um:
„Wat zum Geier... machst du denn da?“, schoss es aus ihm heraus. Ich blieb bei ihm stehen und bewegte mich trotzdem auf der Stelle im Takt.
„Wolle! Die Hölle is ausgebrochen! Du kannst dir nicht vorstellen, wat passiert is!“
„Ich sehet schon! Kann man dich nicht mal mehr alleine auf'n Pott lassen? Erklär mal wat genau du da veranstaltest! Und warum hast du da den „Miss Piggy“ -anclub an'ne Schulter kleben?“
„Ich hab jetzt keine Zeit für größere Erklärungen, wir müssen weg!“
„Wie wir müssen weg! Wir? Dat seh ich anders! Ich gehöre hier nicht zur Muppet Show!“, hinter mir knickte in der hinteren Polonaise ein Ferkelchen kurz um, sie wurde aber sofort wieder von zwei anderen aufgerichtet und rief laut:
„Come on darling, the show must go on!“
„Wolle, glaub mir dat jetzt einmal. Wir müssen uns hier abseilen. Wir können ja morgen noch mal rumkommen, die Pauline besuchen, aber jetzt müssen wir uns ganz schnell vom Acker machen! Glaub et mir! Wolle!“
„Na juuut. Dann haun wir ab. Aber sieh zu, wie du die Piggys los wirst!“
Wolle drehte sich zu Pauline um, die immer noch verdutzt dreinschaute, und er verabschiedete sich höflich, während ich mich mit einer gezielten schnellen Schulterbewegung von ersterer Miss Piggy in der Polonaise losriss, welche sogleich mit einem dumpfen Brummen zu Boden ging. Wolle und ich verließen hastig die Mirk Bar, um in den dunklen Gassen Krakaus abzutauchen. Wir hielten nach fünf Minuten Zickzack-Kurs schnaubend vor einer kleinen Bar mit Namen Picolo.
Und an dieser Stelle kommt eben erwähnter Kellner mit Namen Tomasz ins Spiel, das eigentliche Opfer dieser niederrheinischen Kettenreaktion. Wolle und ich hatten uns beim Betreten der schnuckeligen Weinbar schon wieder beruhigt und wir blickten uns, zwar noch etwas verstört, im Picolo um und wir konnten sicher sein, hier nicht auf Engländerinnen zu stoßen. Das Picolo war ziemlich schmal und mit Holzfußboden ausgelegt, wobei die großen Bariquefässer, die als Tische fungierten, für zusätzliche

Gemütlichkeit sorgten. Ich erzählte Wolle bei einem Chardonnay und juter Musik von meinem Missgeschick im Holzverschlag und der Idee mit der Polonaise. Wolle schmunzelte und sagte nur:
„Wenn ich nicht wüsste, dass du du bist, dann würde ich dir das nicht glauben. Aber dir passiert ja ständig so 'ne Fisimatenten!“, lachten wir beide. Der Abend wurde immer launiger und die Musik wurde immer juter, vor allem, weil Tomasz sich zu uns an das Bariquefass setzte. Der Kellner ließ sich von uns gerne einen ausgeben, schließlich wollte er ja am nächsten Tag seiner Karolina einen Heiratsantrag unterbreiten. So wurde es immer später und lustiger, und Tomasz öffnete zu guter Letzt noch den Verite la Joie aus dem Jahrgang 2007 im Wert von 430 Euro. Der Chef des Hauses hatte diesen Gaumenschmaus auf einer Weinbörse in Frankreich erworben und die Flasche für einen besonderen Abend aufgehoben. Aber der Chef war ja bei einem Abendessen mit seiner Gattin in Danzig und er konnte ja nicht ahnen, dass dieser besondere Abend gerade heute Abend war, hier mit Wolle und mir in seiner schönen Weinbar. Prost Chef!
Der schöne Abend endete ohne einen weiteren englischen „Miss Piggy“-Zwischenfall und der Morgen begann für uns alle mit Kopfschmerzen, und zwar herbeigeführt durch einen 430 Euro teuren Wein. Das böse Erwachen kam aber vor allem für Tomasz, denn der befand sich nun in den Auswirkungen dieser verstrickten niederrheinischen Kette wieder. Er verschlief seinen Flug nach Danzig und Karolina war stinksauer und lehnte den telefonischen Heiratsantrag ab, auch den Antrag über Whats App mit Bild von Tomasz, wie er auf der Straße kniet und fleht, aber über Whats App haben wir ja vorhin schon gesprochen. Der Chef von Tomasz fand im Übrigen die Flasche Verite la Joie im Leergut und er erlitt vor Schreck einen gefühlten Schlaganfall, woraufhin er Tomasz entließ. Erst nachdem ich Karolina eine Mail mit dem Hergang der Kettenreaktion schrieb, verzieh sie Tomasz, und sie leben heute beide glücklich in Danzig. Tomasz wurde auch wieder kurzfristig eingestellt, weil ich seinem Chef eine neue Flasche Verite zukommen ließ. Das gute Ende einer fatalen, niederrheinischen Kettenreaktion. Fast gutes Ende!
Wolle und ich waren am nächsten Abend an der Mirk Bar, weil Wolle das Gespräch mit Pauline fortführen wollte, aber der Laden war geschlossen und auf der Türe klebte ein Schild mit der Aufschrift:
„Dzis zamkniete z powodu remontu!“, es heißt so viel wie:

„Heute wegen Renovierung geschlossen!“

Niederrheinische Kettenreaktion im Schema

Die normale Kettenreaktion im Schema:

Tomasz steht auf → Tomasz geht arbeiten im Picolo → Tomasz macht Feierabend → Tomasz geht früh schlafen → Tomasz fliegt morgens nach Danzig zu Karolina → Tomasz und Karolina heiraten und gründen eine Familie → Alles ist gut und Ende der Kette! Die Reaktion entspricht der Kausalität Formel von Einstein ~ $(ds)^2=(cdt)^2-(dx)^2-(dy)^2-(dz)^2$

Nun die niederrheinische Kettenreaktion im Schema:

Tomasz steht auf –> Tomasz geht arbeiten im Picolo → Steffen und Wolle werden wach und stehen auf → Steffen und Wolle gehen in die Mirk Bar → Steffen muss mit zehn Engländerinnen Polonaise tanzen → Steffen stützt sich geschockt auf das WC Waschbecken und reist es ab → Steffen und Wolle flüchten überstürzt aus der Mirk Bar → Auf der Flucht entdecken sie die Weinbar Picolo und sie gehen hinein!
→ **Steffen und Wolle treffen auf Tomasz im Picolo , hier verbinden sich beide Ketten, es kommt zum Bruch des Raum-Zeit-Kontinuums! Die Reaktion nimmt ihren Lauf und unterbricht die „normale Kettenreaktion“!!!** → Steffen und Wolle feiern, sie trinken Wein und hören jute Musik, wie Peter Gabriel und Dire Straits, die Tomasz für sie auflegt → Steffen und Wolle laden Tomasz zu einem Wein ein, als Dank für die jute Musik → Tomasz trinkt den Wein und setzt sich an den Tisch zu Wolle und Steffen. Die drei trinken immer mehr Wein und hören Jute Musik → Steffen, Wolle und Tomasz feiern bis in die Morgenstunden und trinken Brüderschaft mit dem teuersten Wein im Laden, einen Verite la Joie 2007 → Tomasz wacht am nächsten Morgen mit Kater auf und merkt, dass er den Flug verpasst hat → Karolina ist sauer und ignoriert Tomasz' Daueranrufe →

Sie lehnt seinen Heiratsantrag ab → Tomasz' Chef entdeckt die geöffnete Flasche Wein und feuert daraufhin Tomasz → Tomasz wird depressiv und wird ambulant behandelt

→ Vor dem Schritt „Tomasz wird depressiv“ habe ich eine Mail an Karolina geschickt, die Tomasz verziehen hat und ihn dann doch heiratete, und natürlich habe ich seinem Chef den Verite la Joie bezahlt, der Tomasz wiederum noch einmal eingestellt hat! Karolina und Tomasz leben nun glücklich in Krakau vereint → Alles wurde korrigiert und Ende der Kette! Diese Kette entspricht der niederrheinischen Formel der Kausalität von Ereignissen ~ $(ds)^2=(cdt)^2-(dx)^2-\mathbf{(dy)^3-(dz^3)}$

Kategorie D

Das Lexikon würde den Typus D wie folgt umschreiben:

Der Klugscheißer. Der Besserwisser. Fundiertes Halbwissen. Weiß alles, kann alles, kann dir tausend Ratschläge geben, auch wenn du et nicht möchtest!

Der ehrgeizige Perfektionist! Moralische Instanz. Der Moralapostel schlecht hin. Richter und Henker.

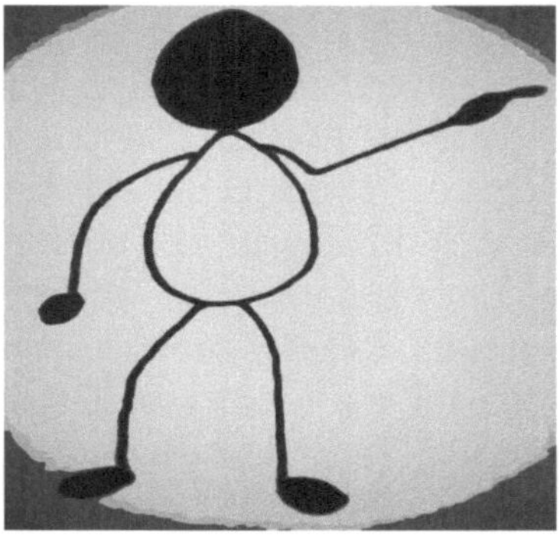

Der Typ D

Besserwisser und Ratschläge Geber, Perfektionist. Er kann alles, er weiß alles.

Ausprägung diesesTypus:
Für diesen Typus gibt es zwei Ausprägungen, zum einen der Kneipengänger, der seine Allwissenheit über die Gäste versprüht, dieser Typ kann alles, weiß alles, und diese Tatsache schmiert er auch den Umstehenden aufs Butterbrot. Der Typ D ist in der Lage, dich an den Rand zu diskutieren, und du hast überhaupt keine Chance, deine Meinung im Ansatz zu äußern oder dass er dich und deine Ansichten wirklich versteht oder er dich verstehen möchte!
In der Kneipe markiert er den unantastbaren Moralapostel, der bewertet und richtet, wie es ihm beliebt.
Er bringt dabei weltpolitische Ansichten mit ein, er richtet dabei und bewertet über Menschen in der Politik, Öffentlichkeit und das aktuelle Kriegsgeschehen. Er macht vor niemandem halt, der Typ D zerquetscht jeden wie eine Zitrone, weil er das ja darf. Er steht ja über den Dingen und Menschen, der Typus ist unangreifbar für Präsidenten, Kanzlerinnen und Kanzler, Prominente, aber auch für Ausländer, Kneipengänger und den Nachbar von neben an.
Es ist gefährlich mit ihm zu diskutieren, gerade dann, wenn er sich Mut angetrunken hat, denn dann liebt er es, sich mit den Menschen um ihn herum anzulegen, sich zu messen. Diese Großschnauze macht dann auch nicht vor dir halt.Wenn er einmal moralisiert und klugscheißt, dann nimmt er dich nur zu gern auseinander! Dem Typ D ist dabei kein Thema zu schade, von dem Fremdgeher in der Nachbarschaft bis zur Ausländerproblematik in Deutschland oder die große Weltbühne bis hin zur Fußballbundesliga, er stampft alles ein und moralisiert mit erhobenem Zeigefinger, aber empfindet der Typus D dabei selbst eine Mitschuld an den Geschehnissen unserer Welt? A wat!* Er doch nicht! No, Non, Niet, Geen, Uimh, Nei, Ingen! Er trägt immer eine weiße Weste. Der Typ D hat nie Mist in seinem Leben gemacht oder zumindest spricht er nicht davon, denn er ist der Unschuldsengel von Monteverde! Dabei müsste ich sagen, er ist der singende Engel aus Tirol! Irgendwie tut einem der Typ D in seiner Verbissenheit und Besserwisserei auch leid, denn wenn du es schaffst ihm Paroli bieten, ist er schnell in seiner Ehre gekränkt und beschimpft dich zuerst, er wird also persönlich und dann redet er eine Zeit nicht mehr mit dir oder, wenn du Pech hast, ignoriert er dich für immer, zumindest droht er dir mit Ignoranz. Menschen, die ihn kennen, lassen ihn deshalb besser reden und rechthaben als sich mit ihm anzulegen. Sie

schmunzeln über ihn und sie nehmen ihn, wie er ist, denn auch er hat nette, humorvolle und liebe Seiten an sich.
Der Typ D dieser Ausprägung ist nicht auf den Kopf gefallen, aber leider setzt er sein Wissen nicht dafür ein, mitzuhelfen Dinge zu verändern, Probleme zu lösen oder wirklich für etwas einzustehen, nein, er weiß ganz genau, dass sich Probleme nicht am Tresen lösen lassen, deshalb geht es für ihn nur um Anerkennung und Beliebtheit. Der Typ D spendet wenig oder er hilft dort, wo es gesellschaftlich brennt. Dieser Typus kann am besten verurteilen, richten und moralisieren, man könnte sagen, er ist ein Hund, der laut bellt, aber nicht beißt.
Schlimm wird es aber, wenn zwei Typen dieser Ausprägung aufeinander treffen! Dann knallt es gewaltig! Peng! Keiner von beiden hört nämlich dem anderen zu, beide dreschen verbal aufeinander ein, bis keiner mehr recht hat! Die Diskussion verläuft dabei ins Persönliche und geht nicht selten ins Beleidigende über. Wenn du einen Typ D an die Wand diskutiert hast, gibt er dir im Leben nicht recht, er sagt nur lapidar: „Dat is Ansichtssache!"
Du könntest ihm eine vom Bürgermeister beglaubigte Urkunde vorlegen, die dir absolut und unausweichlich recht gibt, aber Typ D würde die Urkunde beiseite schieben und sagen: „Dat is Ansichtssache!". Du solltest es dabei belassen, damit alle Leute wieder in Ruhe ihr Bier trinken können und sich der Sturm legt. Der Typus D teilt aus, er kann aber selber schlecht verzeihen, vor allem wenn er von einer Person gekränkt wurde. Er merkt sich das Geschehene und zerfließt förmlich vor Selbstmitleid und dann grübelt er des Nächtens und zergeht vor Wut darüber. Typ D kann auch schlecht Lob aussprechen oder ertragen, dass jemand besser ist als er. Der Neid zerfrisst ihn zum Teil, woraus aber auch sein Ehrgeiz und seine Zielstrebigkeit resultieren, gut oder besser zu sein in dem was er tut. Er ist Konkurrenzdenker. Aber was steckt dahinter?
Der Typ D ist auf der Suche nach Anerkennung!
Er selbst zweifelt aber enorm an sich und die Ursache kann verschieden sein. Er hat vielleicht eine gestörte Kindheit, in der Beziehungsgeflechte mit Zuneigung und Wertschätzung zu kurz gekommen sind oder Gefühle nie zur Sprache kamen, vielleicht auch Gewalterfahrungen, Tod Erfahrungen, die positive Erlebnisse überdecken.
Häufige Trennungserfahrungen und das Verlassenwerden führen auch zu mangelndem Selbstwert.

Er holt sich dieses Gefühl von „Gebrauchtwerden“ durch seine Besserwisserei wieder. Er definiert Selbstwert durch: “Ich muss der Held sein! Und alle finden mich toll!“. Er merkt dabei nicht, wie stumpf und einseitig diese Beziehungsdefinition tatsächlich ist, aber genau diese Beziehungsform kennt der Typ D: Eine einseitige Beziehung, die Beziehung des Gegenübers hat immer gefehlt! Also tut er das, was er gelernt hat! Er lebt die einseitige Wertschätzung und er entwickelt ein Wertesystem, in dem er ganz oben stehen muss. Er berücksichtigt dabei kaum die Meinung des anderen, denn eine einseitige Beziehung besteht für ihn nur aus einseitiger Anerkennung. Ein Lob wirst du von dem Typ D kaum zu hören bekommen. Der Typ D in einer Chefrolle benötigt immer wieder Lobhudelei von seinen Mitarbeitern und er merkt dabei nicht, wie sehr er ihnen damit auf die Nerven geht.
Er versucht sich sein fehlendes Selbstbewusstsein durch Anerkennung wiederzuholen, was ihm natürlich nicht immer gelingt, denn nicht jeder Mensch gibt ihm die nötige Anerkennung, wodurch er dann tief gekränkt ist.
Auf andere Personen wirkt der Typ D eher selbstbewusst, aber häufig quälen ihn Selbstzweifel und das Gefühl von Einsamkeit.
Menschen mit ähnlichen Ausprägungen können sich beim Aufeinandertreffen oft und endlos streiten!

Extra-Tipp: Akzeptanz

- Gute Übung: Du gehst in die Kneipe und bei politischen, religiösen Streitgesprächen, die an diesem Ort oft vorkommen, einfach mal die Fresse halten! Das fällt allgemein schwer, trainiert aber gut das eigene Geltungsbedürfnis zu reduzieren.
- Mehr Tätigkeiten entwickeln, die ichbezogen sind. Also Dinge tun, die mir und keinem anderen gut tun und Spaß bereiten. Sich selbst durch einfache Dinge mehr wertschätzen und nicht durch „Ich muss es allen zeigen!“ oder „Ich bin nur dann etwas Wert, wenn andere mir das sagen!“
- Du solltest üben, Kritik zu ertragen und dich nicht bei jeder Kritik, die du erhältst, wie ein Wellensittich aufplustern und wie ein Cowboy mit Hut zurückballern oder gar persönlich verletzend werden.
- Akzeptiere, dass du nicht der Papst bist und über alles moralisch

richten darfst, bzw. du solltest froh sein, dass du kein Richter bist, der sich jeden Tag mit den Problemen anderer befassen muss. Das ist nämlich auf Dauer anstrengend! Hier gilt der Leitsatz zur Akzeptanz: „Ich habe nicht immer Einfluss darauf, was andere Menschen tun. Das muss ich akzeptieren und ich darf andere Menschen nicht immer für ihr Handeln verurteilen, denn jeder darf das tun, was gesetzlich erlaubt ist und er als für moralisch richtig bewertet! Jeder Mensch darf ein eigenes Moral- und Wertesystem leben. Ich kann es ihm nicht vorschreiben!

- Du darfst verzeihen! Du musst nicht dein Leben lang mit jemanden sprechen, nur weil er dir mal deine Meinung gegeigt hat. Wie oft hast du schon jemandem die Meinung gegeigt und er ist trotzdem noch dein Freund?

Die andere Ausprägung dieses Typus meidet die Kneipe. Sie sind eher gewissenhaft, zielstrebig und müssen immer 100 Prozent korrekt sein und alles richtig machen! Der Typ D dieser Ausprägung muss alles sofort machen, er darf nichts liegen lassen oder mal verschieben. Dieser Typ regt sich deshalb schon über die kleinste Kleinigkeit auf, die in seinem Umfeld schief läuft. Seine Mitmenschen erleben ihn oft als penetrant, perfektionistisch, nervend besonders in Haushaltsangelegenheiten.
Der kleinste Schmutz und Dreck wird weggeputzt, und wehe dir du machst Dreck! Der Typus würde dich am liebsten verklagen! Dieser Typ braucht diese Struktur und Genauigkeit als Sicherheit, nur dann fühlt er sich auch wohl.
Ist sein Umfeld aufgeräumt, ist sein Kopp aufgeräumt! Aber wehe es läuft etwas schief, dann ist der Typus völlig am Ende und er wird hysterisch und er versucht sofort alles wieder in Ordnung zu biegen. Dieser Typ kann schlecht loslassen, er kann schlecht entspannen oder sich etwas Gutes tun, mal spontan sein. Dieser Typus D neigt oft zu Zwangsstörungen wie dem ständigen Putzen von Räumlichkeiten, wobei der weibliche Typus eher zum Putzzwang neigt, der männliche Typus lebt seinen perfektionistischen Zwang eher im Handwerk aus. Der Typ D erlebt einen extremen Druck, immer alles zu 100 Prozent zu erledigen, und dieses Verhalten und Erleben zeigt der Typ D nicht nur im Job, sondern auch bei Hobbys und auch zuhause steht er ständig unter Strom. Die Folge:
Angst und Panikattacken, Atemnot, Schweißausbrüche, Fluchtverhalten,

soziale Phobie und schließlich der Nervenzusammenbruch.

Dieser Typ D ist nicht in der Lage seine selbst geschaffenen Strukturen zu verlassen, er weiß zwar, dass das erneute Putzen der Küche nicht notwendig ist, vielmehr andere darüber lachen würden:
„Das ich jetzt schon wieder die Küche putze, man nervt mich das, obwohl ich sie ja erst gestern geputzt habe!“, trotzdem hängt der Typ D in seinem Verhaltensprogramm fest. Er ärgert sich maßlos darüber, aber er kann nicht anders, genauso wenig kann Typus D spontan sein und mal einfach etwas liegen lassen. Wenn Du ihn zwischendurch anrufst und fragst:
„Na, sollen wir mal mit dem Fahrrad zum Hülser Berg fahren, die Sonne is grad raus gekommen?“, dann hörst du zu 99% ein „Nein“ mit einer für dich sinnlosen Begründung:
„Ich kann heute nicht, ich wollte Zucchini mit Kartoffeln machen!“
„Ja und? Kannze doch danach machen! Et muss ja nicht spät werden!“
„Bist du verrückt! Du weißt doch, wir essen immer um ein Uhr!“
„Ja und? Dann esst ihr halt mal um drei! Frag doch die Petra, ob die mit will! Dann esst ihr eben später gemeinsam! Oder wir essen oben im Restaurant!“
„A wat! Nee, wir sind dat so gewöhnt, verstehsse? Wir haben auch immer nur um ein Uhr Hunger! Später kriegen wir nix runner. Und die Petra will auch eigentlich gar nicht zum Hülser Berg!“
„Ach so. Hasse die Petra dat überhaupt gefragt, ob die zum Hülser Berg will?“
„Nee, aber ich weiß, datt die nicht zum Hülser Berg will, weiße allein wegen den Hämorriden, da ist dat Fahrradfahren ja nicht so jut!“
„Aber ich hab die Petra doch gestern mit dem Fahrrad nach Aldi fahren sehen, die hat mich doch noch gegrüßt und sie hatte jetzt nicht gerade en schmerzverzehrtes Gesicht!“
„Jaja, ich weiß. Dat war aber doch morgens, und nicht mittags um eins!“
„Ach so. Morgens! Kommen die Hämorriden jetzt neuerdings immer nur um ein Uhr Mittag oder wat*? Dat is ja mal en Ding, du!“
„Nee, dat nich! Aber ich kann jetzt auch nicht weiter sprechen, ich muss die Kartoffeln noch schälen!“
„Juut! Juut! Wie du meinst! Dann schäle du mal die Kartoffelkes. Wir sehen uns!“. Du hast keine Chance, den Typ D aus seiner Struktur zu holen, und was ist die Folge? Du fragst ihn einfach gar nicht mehr, ob er

mitkommt, und das ist natürlich schlecht, denn er bräuchte genau diese Spontanität und unsichtbare Hand eines Freundes, der ihn zwingt sein Schema zu verlassen.
Der Typ D dieser Ausprägung kann schlecht Gefühle äußern und er erkennt schlecht seine Bedürfnisse. Er neigt zur Depression mit Gefühlsleere und tiefer Traurigkeit, weil er wenig Tätigkeiten verrichtet, die ihm Spaß oder Freude bereiten. Wie auch? Er erkennt seine Bedürfnisse und Gefühle nicht, weil seine Tätigkeiten alle auf sein Sicherheitssystem ausgerichtet sind. Er meint:
„Wenn alles in Ordnung gebracht ist, geht es mir auch gut.“ Und er hat extreme Schwierigkeiten Freude, Spaß und Spontanität zu leben oder mal die Seele baumeln zu lassen. Er kann auch nicht Gefühle oder Eigenschaften benennen, geschweige denn Tätigkeiten entwickeln, in denen er sich selbst ausleben kann.
Der Typ D stürzt sich lieber in Arbeit, deshalb erkennt er auch nicht den Wert von „unsinnigen“ Tätigkeiten an, wie mal einen draufmachen oder spontan zu verreisen, mehr noch, er kritisiert andere dafür, dass sie sich dieses Recht der Spontanität herausnehmen und sie diese Dinge einfach tun. Er schafft es dummerweise häufig, dir ein schlechtes Gewissen einzureden. Gleichzeitig hilft er dir aber auch bei Problemen, ob im Haushalt oder bei der Elektrik, aber auch hier gibt es Probleme: Er kann dich nicht alleine machen lassen!
Ein Beispiel:
Hilde schraubt an dem begehbaren Schrank „Stralmen“ herum, den sie sich seit ihrer Kindheit wünscht und schließlich hat sie sich dieses schöne Schranksystem selber zum 50. Geburtstag gegönnt. Hilde ist eine resolute, eigenständige Frau, welche sofort mit dem Schrankaufbau beginnt. Sie bittet ihren Mann Günther als kleine Hilfestellung die Türen beim Schraubvorgang festzuhalten. Günther ist seines Zeichens Typ D aus der Gattung Typus Niederrheinus. Die kleine Hilfestellung soll sich für Hilde jedoch als leidvolle Gratwanderung herausstellen. Günther kommentiert nämlich jeden einzelnen der Arbeitsschritte von Hilde und mahnt mit dem Zeigefinger:
„Dat is falsch, wie du dat machst! Du musst dat anders halten! So kratzt du nur in dat Holz rein! Och Hilde, ich kann dat nicht mehr mit ansehen! Komm ich zeig dir dat, gib mir ma den Dreher her!“. Günther lässt die Türen links liegen und schon nach vier Minuten schraubt er an Hildes

Schrank „Stralmen“ rum. Hilde hatte wiederum überhaupt keine Chance, ihren Günther zurückzuweisen, zumindest nicht ohne einen Streit zu riskieren. Natürlich würde sie den Schrank ohne Günther zusammenschrauben können, aber der Druck durch Günther wurde einfach zu groß, also gibt sie kurz entschlossen nach und Günther den Dreher in die Hand. Der liebe Günther schraubt nun an dem Schrank rum mit folgenden Sätzen:
„Siehsse, du musst den Schrauber hier in 90 Grad halten, sonst verkratzt du dat Gewinde und dann greift der Dreher nicht!“, „Du muss hier senkrecht von oben den Druck auf den Schraubenkopp ausüben, sonst rutscht du ab und du haust dat Ding in et Holzfassade rein, verstehsse dat?“. Hilde reagiert genervt:
„Du bist hier der einzige Schraubenkopp!“, wodurch Günther gekränkt, energisch und drohend antwortet:
„Ich will dir doch nur helfen! Weiße, man wird gefragt, ob man helfen kann und dann wird man hier doof von ne Seite angemacht. Ich kann dat Ding auch einfach hier auf den Boden werfen und dann geh ich wieder in den Garten zu meinen Rosen, ich muss dat hier nich machen! Dann sollste mal sehen, wie de dat Ding aufgebaut kriegst. Dann mach dein Scheiß doch alleine!“, und er winkt abfällig mit der Hand ab.
„Is gut Günther, ich verstehe dich ja. Dat is ja jetzt nicht böse gemeint und ich halte jetzt einfach die Türen fest.“ Und so schraubt Günther den ganzen „Stralmen“ zusammen, den Hilde eigentlich alleine aufbauen wollte und worauf Hilde sich doch so gefreut hat. Sie weiß auch ganz genau, dass sie demnächst wieder von Günther zu hören bekommt:
„Mein Gott Hilde, warum kannst du dat denn nicht. Wenn ich mal krank sein sollte musst du dat doch auch können, aber dich interessiert dat scheinbar gar nicht, wie dat funktioniert oder wat*?“.
Hilde würde dann immer am liebsten Antworten:
„Ja, wie soll ich denn auch wissen, wie dat funktioniert, wenn du mich nie machen lässt!“, aber um Streit zu vermeiden, sagt sie nur:
„Günther, dann zeig mir dat mal.“
Der Typ D ist Meister darin, seine Rolle als Helfer zu wechseln, indem er die Rolle des Machers einnimmt oder ich müsste sagen, er hält die Rolle des Helfers nicht aus, ihn quält diese Rolle sogar. Umstehende haben dabei fast keine Chance diesen Rollenwechsel aufzuhalten, außer sie konfrontieren ihn mit diesem Verhalten, was im Endeffekt zu einer

Kränkung bei ihm führt und mit einer Reaktion von Beleidigtsein und einem Gegenangriff mit persönlichem Vorwurf endet. Für diesen Typ D gilt die selbe Übung wie für den Moralapostel Typ D:

Extra-Tipp: Mehr Selbstreflexion – Wechsel von Rollenbildern

- Zurückhaltung. Bei Handwerksarbeiten den anderen ruhig Fehler machen lassen und nur eingreifen, wenn ein Beteiligter Hilfe einfordert.
- Lernen, andere Rollen als immer die „Chefrolle“ oder die „Macherrolle“ einzunehmen. Gerade Menschen, die jahrelang Führungsrollen im Beruf eingenommen haben, fällt es schwer, die Rolle privat abzulegen. Hier muss der Macher mehr auf sein eigenes Verhalten achten, sich mehr hinterfragen: Warum reagieren andere so abweisend auf mein Verhalten?

Na weil wir nicht deine Untertanen sind oder deine Angestellten und wir lassen uns auch nicht von dir herumkommandieren! Wir schätzen dich nicht für deine „Macherrolle“, sondern wegen deiner außergewöhnlichen Begabungen, Fähigkeiten und wegen deines tollen Charakters, deshalb fordern wir gerne Hilfe von dir ein. Aber du bist nicht mein Chef, sondern ein gleichgestellter Partner! Bitte behandele mich auch so!

- Botschaften anders verschlüsseln, also nicht Aussagen beginnen mit „Du musst“, „Du solltest“, „Ich sage dir du“ etc. Diese Wortfloskeln fasst ein Gegenüber als Bewertung auf und meistens fühlt sich der Gesprächspartner beobachtet, ertappt oder minder bewertet, wenn du ihm etwas vorschreibst. „Schau mal, ich hab das immer so gemacht und damit Erfolg gehabt. Das wäre eine Möglichkeit die du ausprobieren kannst!“, wäre eine Variante, die einem Gegenüber offenlässt es gleich zu tun und diese Aussage stellt keinen Befehl dar. Sie ist eine Ich-Botschaft, die ein Gesprächspartner neutral bewerten kann.

Extra-Tipp: Bedürfnisse besser wahrnehmen und gezielt in den Alltag integrieren – Struktur ja, aber auch mehr Gelassenheit leben! Ein neues Wertesystem schaffen, sich mehr gönnen.

Du erstellst einen Wochenplan, wobei du an jedem Tag die Tätigkeiten gezielt einträgst und dann auch umsetzt:

- Du trägst die „Das ist Pflicht"-Tätigkeiten für die Woche als erstes ein.
- Dann trägst du Tätigkeiten ein, die dir Spaß und Freude bereiten könnten! Du kannst auf jeden Fall auch Neues ausprobieren!

Tipp: Plane dir den Tag nur zu 70% aus, falls dir etwas dazwischen kommt. Erstelle dir einen genauen Zeitplan, so wie ein Stundenplan aus alten Schulzeiten.

- Notiere dir nach jedem Tag, was du bei den einzelnen Tätigkeiten empfunden hast und wie du dich dabei gefühlt hast. Gut oder schlecht? So lernst du die Tätigkeiten kennen, die positive Gefühle in dir auslösen und die du in Zukunft dann gezielt verrichten kannst, wenn es dir mal schlecht gehen sollte.

Tipp: Du solltest die verschiedensten Sachen ausprobieren, auch wenn dir diese Tätigkeiten unsinnig vorkommen. Du bekommst oft während der Umsetzung neuer Tätigkeiten einen überraschenden Zugang dazu und du profitierst am Ende davon! Habe Mut! Versuche den Tätigkeiten, die dir Spaß machen, mehr Wert zu geben, so gibst du dir selbst mehr Wert und bist nicht immer auf externe Verstärkung und Anerkennung angewiesen.

Extra-Tipp: Ich-Botschaften richtig verfassen / Botschaften klar ausdrücken!

Ich habe mal nach Rollenspielen mit anderen Menschen reflektiert nachgefragt, wie ich auf mein Gegenüber gewirkt habe. Ich war nie mit meiner Wirkung und übermittelten Botschaft zufrieden, deshalb habe ich Leitsätze von Inhalten für mich formuliert, die meiner Meinung nach in eine Botschaft gehören und Inhalte die absolut vermieden werden sollten:

- Du solltest versuchen negative Schwingungen außen vor zu lassen, also Gefühle wie Wut oder Enttäuschung nicht als Vorwurf für dein Gegenüber zu formulieren. Vorwürfe sind in einer Botschaft generell schlecht zu verwenden, wenn ich nicht auf eine Konfrontation aus bin. Aber wer ist schon gerne auf eine Konfrontation aus? Eine Bewertung für andere abzugeben führt meistens dazu, dass dein Gegenüber sich abgewertet fühlt. Es gibt Signalbegriffe wie „ständig", „immer", „andauernd" oder „jedes

Mal wenn", die dein Gesprächspartner unter Druck setzen und meistens zu Widerstand führen. In einer wertfreien „Ich-Botschaft" solltest du keine Vorwürfe einbauen.

- Vorwürfe bringen deinen Gesprächspartner unter Druck, wenn du aber eine Veränderung bei ihm in seinem Verhalten erreichen möchtest, dann formuliere eine „Bitte". Eine Bitte ist kein Vorwurf und sie stellt eine Brücke zu deinem Gegenüber dar, die er überqueren kann oder nicht.

Die Bitte ist eine Einladung und sie ist keine Forderung.
Beispiel: „Ich bitte dich, mir zu sagen, was dir nicht an der Urlaubsplanung passt.", anstatt „Immer hast du etwas an meiner Planung auszusetzen!"

- Gefühle und Bedürfnisse gehören in eine gute Ich-Botschaft, auch wenn wir mit dem Chef sprechen und das Gefühl haben, wir müssten immer sachlich bleiben. Fakt ist: Wir fühlen uns nicht so schlecht, weil sich mein Gegenüber so oder anders verhält oder wie ich es mir wünsche, sondern weil in erster Linie meine Bedürfnisse nicht erfüllt werden. Ich sollte meine Bedürfnisse aber für den anderen zum Ausdruck bringen können!

Beispiel: „Ich möchte ein Team Gespräch anregen, weil ich das Gefühl habe, zu wenig Akzeptanz innerhalb des Teams zu haben. Ich wünsche mir an dieser Stelle auch mehr Rückhalt von Ihnen!" und nicht „Das Team mobbt mich und Sie lassen mich auch im Regen stehen! Ich muss darüber sprechen!"

- Auf Augenhöhe diskutieren und das meine ich im wörtlich. Du kannst dich ruhig zu deinen Angestellten setzen oder dir mit deinem Gesprächspartner eine gute, angenehme Gesprächsatmosphäre schaffen. Übrigens: Kinder verstehen und akzeptieren Inhalte von Botschaften ebenfalls besser, wenn man sich zu ihnen setzt, wir uns auf Augenhöhe begeben und wir nicht von weit oben etwas herunterbrüllen.

Du kannst Kernaussagen vorab aufschreiben, die dir am Herzen liegen. Du kannst dadurch beim Nachlesen schon Ausdrücke und Bedürfnisse vorformulieren und dich überprüfen, ob du Vorwürfe äußerst oder deine eigenen Bedürfnisse gut sichtbar machst. Auf diese Weise können Missverständnisse reduziert werden und Konflikte vermieden werden.
Grundsätzlich ist der Typ D für Mitmenschen nicht leicht zu Händeln, ja

manchmal eckt er mit seiner Art regelrecht an. Hier darfst du nicht vergessen:
Er macht es nicht absichtlich! Er meint es nur gut und will helfen. Er merkt nur nicht, dass er mit seinem Verhalten aneckt! Du darfst dir nicht alles gefallen lassen und musst ihm seine Grenzen aufzeigen, aber ändern kannst du diesen Typus nur schwer! Also kämpfe nicht gegen ihn, sondern akzeptiere seine Art, aber versuche, so schwer es auch ist, deine Grenzen deutlich zu formulieren.
Menschen tun sich sehr schwer mit dem Typ D, gerade wenn es sich dabei um eine familiäre Beziehung handelt.
Der Typ D kann sehr grenzenübergreifend sein, und wer möchte schon seinem Vater oder seiner Mutter ein schroffes „Nein“ an den Kopf werfen.
Ältere Generationen schaffen es häufig nicht aus ihrer ehemaligen Führungsrolle als Familienoberhaupt oder der beruflichen Chefrolle herauszuschlüpfen.
Sie setzen dann ihre Mitmenschen ganz bewusst unter Druck und können nur zu gern die Beziehungsabhängigkeit für ihre Zwecke nutzen.
„Wenn du heute nicht kommst, dann spreche ich kein Wort mehr mit dir!“,
„Mir geht es so schlecht, du musst etwas tun!“ oder
„Wenn du das machst, dann brauchst du gar nicht mehr erst aufkreuzen!“ sind noch die harmlosen Floskeln. Der Typ D dieser Art weiß aber meistens nicht, was er damit bei seinen Lieben auslöst. Für den Betroffenen entwickeln sich daraus oft eine moralische Zwickmühle und ein enormes Druckpotential, was bis hin zum nervlichen Zusammenbruch führen kann. Das Tauziehen um die eigene Seele führt dabei zum Zusammenbruch, denn zum einen weiß ich, dass ich öfters „Nein“ sagen muss oder das tun sollte, was ich für richtig halte. Ich möchte aber auch dem Anderen nicht weh tun und ich fühle mich für meine Nächsten verantwortlich. Genau das nutzt der eigennützige Typ D aus, manchmal tut er das ganz bewusst oder auch manchmal unbewusst. Die Folge:
Irgendwann schreit man Typ D nur noch ziellos an, also den eigenen Vater, Mutter oder Mitmenschen, weil sich der ganze Frust entlädt. Und das Entladen passiert immer wieder mal, wodurch immer wieder unterschwellige Konflikte entstehen. Die Konflikte drehen sich dann meistens gar nicht mehr um das aktuelle Thema, sondern alle Konflikte der Vergangenheit und Fehlverhalten werden dabei in einen Topf geworfen. Der Typ D hat ein Gedächtnis wie ein Elefant und wirft dir

gerne Dinge vor, die längst verjährt sind. Du lässt das natürlich nicht auf dir sitzen und schießt zurück, was das Zeug hält! Ich war mal im Wartebereich des Flughafen Düsseldorf Zeuge eines Konfliktes zwischen einem jungen Mädel und ihrer Großmutter, welche erkältet war und ihrem Enkel vorwarf, wie diese Göre nun einfach unverschämter weise zum Ballermann fliegen konnte, wo alt Mütterchen doch mit Schnupfen im Bett lag und auch die eigene Tochter sich ja schon nicht um sie kümmern würde. Oma brachte an diesem Tag das Fass zum Überlaufen und die kleine Ballermann-Touristin warf ihrer Omma ihre HJ Hitler Jugendzeit vor bis hin zu deren Nebenjob bei Thyssen Krupp, wo Omma Patronen stopfte.
Die süße Enkelin redete sich in einen Wahn, woraufhin sich alle Besucher der Abflughalle C des Düsseldorfer Flughafens gedacht haben, dass der gesamte Holocaust auf Ommas Kappe gehen musste! Aber die süße Enkelin hat ja recht, wenn sie dem Typ D rechtzeitig seine Grenzen setzt. Der Typ D kann auch ruhig mal eine Kränkung verkraften! Traue dich, nur Mut!

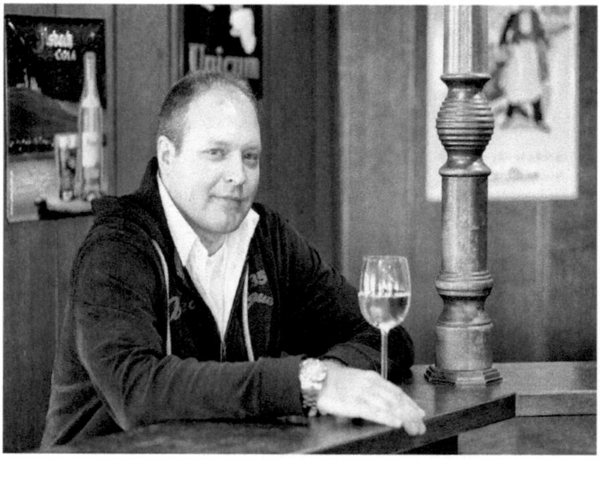

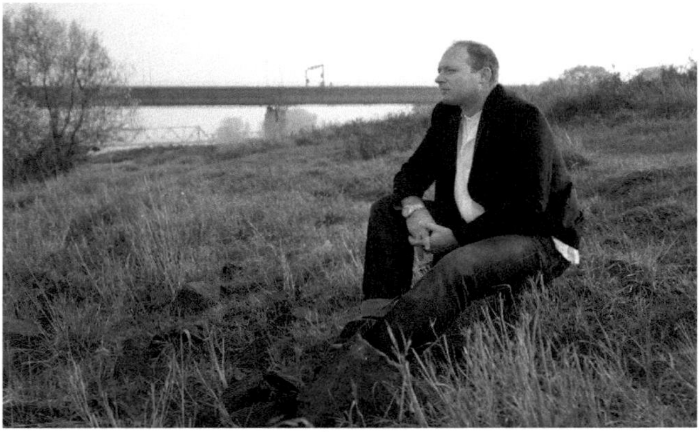

Herbst 2012

Eine Entscheidung zu treffen fällt uns Menschen nicht immer leicht. In der Psychologie stehen Entscheidungen oft im Zusammenhang mit dem Selbstwertgefühl. Wer ein gutes Selbstwertgefühl besitzt, der trifft gerne Entscheidungen und er trifft auch schwierige Entscheidungen mit Leichtigkeit. Leider bewahrt uns Selbstwert nicht davor, auch einmal eine falsche Entscheidung zu treffen. Auch hier gilt ein einfaches Prinzip. Menschen, die eher positiv gestimmt sind und ein ausgeprägtes Selbstwertgefühl besitzen, die können auch aus falschen Entscheidungen ihre Erfahrungen und einen Nährwert ziehen, ohne an einer falschen Entscheidung zu zerbrechen. Ich selbst musste in meinem Leben schwierige Entscheidungen treffen und begegne immer wieder Menschen, die voller Zweifel und Angst sind. Sie grübeln und überlegen hin und her. Was wäre wenn, und wie kann ich es allen recht machen? Die Antwort: Wir können es anderen nicht immer recht machen, da kannst du dich auf den Kopf stellen oder dich zerteilen! Aber wir können es uns selbst recht machen.

Ich erinnere mich noch, wie ich mit Anfang 20 von diversen Handball Spitzenclubs ein Angebot nach dem anderen bekommen habe. Ich habe mit Funktionären, Trainern und Bundesligaspielern beisammen gesessen, die mir alle Ratschläge und viel Geld boten.

Ich bin dann nach Rheinhausen zurückgefahren und habe mit meinem Vater über die Sache gesprochen. Mein Vater und ich hatten den frühen Tod meiner Mutter gemeinsam überstanden und er hatte uns zusammen geschweißt. Mein Vater war selbst ein guter Handballer und er wurde einmal deutscher Vizemeister und natürlich hatte er große Hoffnungen in mich gesetzt, dass ich einmal selbst mit Handball mein Geld verdienen würde. Ich habe ihm dann mitgeteilt, dass mir diese Funktionäre und Trainer nicht geheuer waren, sie redeten nur vom großen Geld und leistungsorientierten Prozessen und multifunktionalem Training. Kein Wort von Vereinsleben, Freundschaften, Gemeinschaft, Zusammenhalt, Spaß und Freude, der Entwicklung Zeit geben oder anderen menschlichen Werten, die ich in den letzten Jahren durch den Handball erfahren durfte. Keines dieser Konzepte kam meiner Wertvorstellungen des Lebens nahe. Ich erzählte meinem Vater dann, dass ich allen Vereinen eine Absage erteilt hatte. Ein Leben ohne diese Werte, nur geprägt von schnelllebigem, leistungsorientierten Handball mit ständig wechselnden Mannschaftskollegen, die nur für Geld irgendwo spielen, konnte ich mir nicht vorstellen. Ich habe meinem Vater dann mitgeteilt, dass ich lieber mit Menschen arbeiten würde, anstatt von sieben Wochentagen sechs Tage in der Halle von links nach rechts zu rennen, Kästen zu stemmen und am Wochenende bis Buxtehude fahren zu müssen und Freundin wie Freunde zu vernachlässigen. Das Leben sei zu kurz für so einen Mist. Handball könnte ich auch hier in Rheinhausen spielen und hier mache er nicht weniger Spaß. Mein Vater war damals einer der wenigen Menschen, der diese Entscheidung akzeptiert hatte. Ich erntete nur Unverständnis von meinen Trainern und Mitspielern, Förderern und anderen Handballern. Viele äußerten sogar, sie seien enttäuscht von mir.

Die meisten Spieler hätten anders entschieden. Ich stand allein mit meiner Entscheidung und ich fühlte mich entsprechend schlecht. Ich war voller Angst, dass ich mich falsch entschieden hatte. In der Nachbetrachtung war es eine richtige Entscheidung, denn ich bekomme durch meinen Beruf eine Menge vom Leben zurück und die Angst ist gewichen. Viele Spieler, die versucht haben mit Handball glücklich zu werden, sind später zu ihren Heimatvereinen zurückgekehrt, weil sie sich anderswo verloren haben und ich werde oft von ihnen angesprochen, dass sie mich jetzt erst verstehen. Es gibt aber immer noch Situationen, dass ich in der Sporthalle oder beim Ausgehen von Menschen angesprochen werde, die mir dann sagen:

„Hätte ich jemals ein Stück deines Talentes gehabt, dann wäre ich ein ganz Großer geworden. Das was mir an Talent fehlt, muss ich mir mühselig an trainieren, ich versteh einfach nicht, warum du dein Talent einfach so weg geworfen hast.“Ich begegne diesen Menschen heute mit weniger Angst, weil ich weiß:

Ich kann es nicht allen Menschen recht machen, aber ich kann es mir selbst recht machen und meine eigenen Werte leben!

Ein Lied ♫

Wohin sie fallen, ich weiß es nicht

Ich sitze im Flugzeug

Sie nennen das Oneway-Ticket

Mittlere Reihe

Am Flügel

Zweiundreißig A

Vor mir ein Glas Gin

Wegen der Flugangst

Und eine Zeitung von gestern

Über den bevorstehenden Krieg

Ich schaue aus dem kleinen Fenster

Die Sonne geht gerade auf

Ein orangener Ball am Horizont

Er zittert in der Ferne

Ich nehme noch einen Schluck aus dem Glas

Hauche es an

Damit ich weiß, dass ich lebe

Unter den Wolken

Die Lichter der Stadt

Sie sehen aus wie Nervenbahnen

Im Gehirn

Plötzlich stehen sie auf

Die Menschen, die Passagiere

Erheben sich von ihrem Platz

Vor mir

Hinter mir

Einfach so

Meine Augen verfolgen sie

Wie sie aufstehen

Es sind Geschäftsleute

Mit Anzügen, Krawatte

Und Aktenkoffer, die sie nehmen

Alles bewegt sich

Und ich blicke sie an

Langsam gehen sie an mir vorbei

Langsamen Schrittes

In Zeitlupe

Sie gehen auf eine geöffnete Türe zu
Wind peitscht in den Innenraum
Meine Haare wirbeln umher
Wie in einer Reihe
Laufen sie
Mit ihren Anzügen und Krawatten
Aktenkoffern

Und ich sehe, wie sie springen
Einzeln
Nacheinander
Tief hinab
Sie springen in die Wolken
Durch die Wolken hindurch
Wohin, ich weiß es nicht
Wo sie landen, ich weiß es nicht
Aber sie springen
Und fallen

Ich sitze da
Überlege
Muss ich jetzt auch aufstehen
Und springen?
Ich schaue auf mein Glas
Es ist nicht leer

Deshalb bleibe ich sitzen
Regungslos und

Sehe, wie sie springen
Einzeln
Nacheinander
Tief hinab
Sie springen in die Wolken
Durch die Wolken hindurch
Wohin, ich weiß es nicht
Wo sie landen, ich weiß es nicht
Aber sie springen
Und fallen

Das Flugzeug landet
Mit mir allein
Ich laufe durch die Halle
Überall Lichter
Stimmen
Am Gepäckband vorbei
Zu den Taxis
Maspalomas bitte
Ich fahre eine lange Straße entlang
An der Küste vorbei
Schaue auf die Wellen

Mit berauschtem Blick

Hätte ich auch springen sollen?
In die Wolken
Durch die Wolken hindurch
Wohin, ich weiß es nicht
Wo ich lande, ich weiß es nicht

Ich krame in der Hosentasche
Bezahle mit dem letzten
Kleingeld
Das Taxi fährt und
Ich stehe dort
Schaue in den Himmel
Die Wolken an
Kann niemanden sehen
Frage mich
Hätte ich aufstehen sollen
Springen müssen?
Wäre dann alles einfacher
In meinem Leben
Und Ich frage mich
Was ich hier mache
So allein

Wir gehen hinaus, um Kontinente zu erobern,
Horizonte zu öffnen
nach Freiheit zu streben
Antworten zu suchen
und Frieden zu erhalten
dabei finden wir alles
in uns selbst

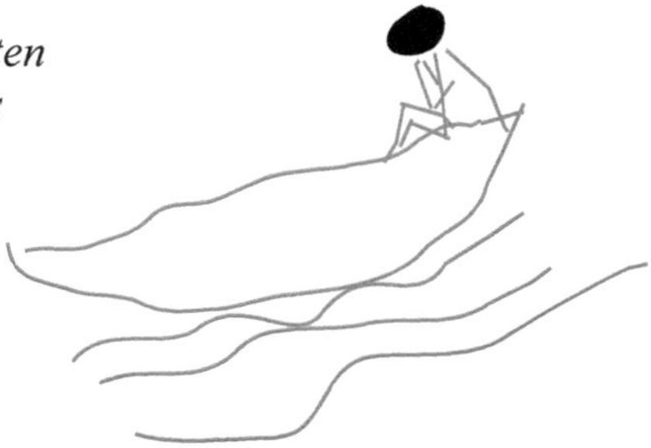

Steffen Kersken 2005

Mädchen im Boot

Mitten im Rhein sitzt dieses Mädchen im Boot
Ihr Körper ist zusammengesunken
Um sich vor Kälte und Winter zu schützen
Ihr Blick streift in die Ferne
Nur die Strömung gibt die Richtung

Und sie fährt in Richtung Horizont
Vorbei an kleinen Dörfchen
Von Strassburg bis Heidelberg
Rechts die rauchenden Türme aus Stahl
An Rheinhausen und Duisburg vorbei
Links grüne Wiesen und kleine Kirchen
Vorbei an Bingen und Mainz
Und immer Richtung Meer
Bis nach Bonn und Köln

Sie ist ganz allein in diesem Boot
Mit ihr die alten Gedanken und Träume
Sie träumt von Sicherheit der Familie
Und von Freiheit und Liebe
So fährt sie den Fluss entlang
Hinein ins große Meer
Um die Träume und ihre Hoffnung zu finden

Die sie immer gesucht hat
Längst verloren gingen
Und sie merkt
In mitten ihrer Seele
So lebendig und allein
Wird sie getragen
Von Worten und Gefühlen
Wie die Knochen, die sie zusammenhalten
Und das Herz, das für sie schlägt

Nun fährt sie in das große Meer
Um Hoffnung zu finden
Und ihren Traum
Verloren in dieser Welt

Der Fluss trägt sie von Düsseldorf bis Rotterdam
An kleinen und großen Häusern vorbei
Kleine und große Menschen schauen sie an
Sie sehen, wie dieses kleine Mädchen in das große Meer fährt
Nur die Strömung weiß wohin
Und sie ist ganz allein in diesem Boot
Mit ihr sind nur die alten Gedanken und Träume
Sie träumt von Sicherheit der Familie
Von Freiheit und Liebe
Die sie im Erwachsenwerden verloren hat
Jetzt macht sie sich auf
Um mit der Welt zu brechen
Um für sich selbst eine Freiheit zu finden
Einen Platz in dieser Welt
Und sie fährt mit dem Boot
Damit sie alle Grenzen durchbricht

Und sie merkt
In mitten ihrer Seele
So lebendig und allein
Wird sie getragen

Von Worten und Gefühlen
Wie die Knochen, die sie zusammenhalten
Und das Herz, das für sie schlägt

Nun fährt sie in das große Meer
Um Hoffnung zu finden
Und ihren Traum
Den sie in dieser Welt verloren hat

Sie macht sich auf, um Grenzen zu brechen
Mauern einzureißen
Dabei musste sie nur die Mauern niederreißen
Die ihr Herz umgeben

Denn wahre Freiheit
Findest du nicht in der Welt
Sie liegt in Dir

Denn wahre Freiheit
Liegt in dir

Wie war dein Bad?

Et gibt für mich ja nix schöneres, als wenn ich den eisigen Winter verkürzen kann. Ich flieg dann immer im Dezember nach Gran Canaria, wo ich direkt am Wasser neben dem Leuchtturm in Maspalomas sitze. Ich genieße dann bei Tapas und Sangria die Brandung des Atlantiks im Restaurant El Senador.
Die Sonne scheint bei 24 Grad und für mich gibt es keinerlei Pflichten.
Das Leben kann so einfach sein. Ich kann Genuss ja wirklich zelebrieren.
Ein Beispiel:
Ich war schon öfter mal in dem Strandhotel Costa Meloneras, diesem schönen Hotel an der Promenade, das im kanarischen Kastellstil gebaut wurde. Einfach herrlich, wie der Süßwasserpool entlang des Horizontes

in das Meer überläuft. Das ZDF dreht dort ja immer die Frühlingsshow, mit Music Acts, Künstlern und bekannten Köchen, die die kanarische Küche präsentieren. Das Ganze ist immer ein Riesenspektakel. Meine damalige Lebensabschnittsgefährtin Laura und ich waren vor acht Jahren mal dort zum Genussurlaub. Wir trafen dort ein paar Freunde und während Laura und die anderen Mädels am späteren Abend übermüdet ins Bett gingen, sind wir Männer noch nach Playa del Ingles ins Nachtleben verschwunden. Playa del Ingles hat für jeden Geschmack etwas zu bieten, ob abgehalfterte Rockkneipe, lebensfrohe Salsa Bar, gemütliche Tavernen oder klassische Clubs zum abfeiern. Ich glaube, wir waren in dieser Nacht in allen diesen Läden, dementsprechend angeschlagen war ich dann früh morgens mit dem Taxi in das fünf Sterne Hotel zurückgekehrt. Die vielen Sangrias hatten wohl starken Einfluss auf mein Orientierungsvermögen, jedenfalls stand ich mit meiner Schlüsselkarte vor dem Aufzug und ich wusste nicht recht wohin. Der Zufall wollte es so, dass in diesem Moment ein bekannter Comedian aus einer TV Versicherungsserie an mir vorbei kam. Er schlenderte gerade aus dem Saunabereich, und zwar nur mit einem weißem Bademantel und Schlappen bekleidet.
„Kann ich Dir helfen? Du siehst irgendwie so aus, als würdest du Orientierungsschwierigkeiten haben?“, sprach er mich an. „Ach, sieht man dat? Dat wär nett, wenn ich so'n kleinen Tipp bekäme, wo ich hin muss. Guck mal hier die Schlüsselkarte, da blickt ja keiner mehr durch, bei dem Riesenkasten hier!“ „Aha. Ja, da müssen wir dich mal um 180 Grad drehen und dann gehst du an der Rezeption vorbei zum Aufzug und du fährst dann hoch bis in den achten Stock.“ Zögerlich drehte ich mich um.
„Ich glaub ich bring dich mal besser hin.“, fügte er hinzu.
Wir haben uns dann um 180 Grad gedreht, danach habe ich mich bei ihm eingehakt und wir gingen dann fast ohne zu schwanken an der Rezeption vorbei. Der Fahrstuhl wurde auch schnell gefunden. Ich bemerkte dann noch am Fahrstuhl:
„Mensch, ich kann dir vertellen, dat gibt nen heiden Ärger von 'ne Freundin. Morgens so ohne Orientierung nach Huis zu kommen, da versteht die keinen Spaß!“
Laura entfachte dann auch wirklich ein Donnerwetter! Sie hatte eine Stunde lang gewitterartig gezetert und ich musste mich dreimal förmlich bei ihr entschuldigen. Gott sei Dank gab es dann doch noch ein wenig

Nachtruhe, als Laura endlich ihren ganzen Ärger rausgelassen hatte.
Sie hatte sich am nächsten Abend überraschenderweise wieder einigermaßen beruhigt und wir saßen gemütlich im Hotelgarten bei Live Band beisammen, als besagter Comedian an unserem Tisch vorbeischlenderte und er abrupt stehen blieb.
„Und? Hasse Ärger gekriegt?“, fragte er mich über den ganzen Tisch hinweg.
Der Mann an sich sollte sich in solchen Situationen gut überlegen, was er in Gegenwart seiner Lebensgefährtin auf solche Fangfragen antwortet. Ich dachte leider nicht nach und sprach todesmutig:
„A wat.“
In der Rückschau und nach etwas mehr Lebenserfahrung muss ich sagen:
„Dat war ziemlich suboptimal von mir ausgedrückt!“
„Na, dann ist ja alles gut!“, und der Schauspieler verließ die Szenerie. Er war kaum weg, als ich in der Ferne ein Gewitter grollen hörte, welches einige Sekunden später über mich hinein brach.
„Dat is immer dat Gleiche mit dir, da fährt man schon bis kurz vor Afrika, und wat is?
Mit dir blamiert man sich auch noch am Arsch der Welt!“
Das war dann der letzte Urlaub mit mir und Laura, aber so ist das halt, da machste nix dran.
Wie ich festgestellt habe, kann man sich in solchen Hotels wunderbar luxuriös streiten. Ich persönlich mag den luxuriösen Streit im Urlaub lieber als den normalen Alltagsstreit zuhause. Ich bin eigentlich ein Mensch, der ohne weiteren Luxus auskommt, deshalb verbringen wir den Urlaub dort auch überwiegend in einfachen Bungalows mit Selbstverpflegung. Ich vermisse auch nicht die Annehmlichkeiten eines Fünf-Sterne-Hotels, wie Sauna oder Anzugzwirn beim Abendessen.
Ich erinnere gerne an dieser Stelle an den Typus Niederrheinus B, der bei Forschern auch Thekenzecke genannt wird. Der Typus B gilt ja bekanntlich als lustiger, genussvoller Mensch, welcher kaum von einer Theke mit gutem Essen und Trinken weg zu kriegen ist.
Er nistet sich quasi am Tresen ein und der Genussmensch kann natürlich in so einem Luxushotel voll auf seine Kosten kommen. Die Poolbar liegt im Meloneras zum Beispiel im Swimmingpool integriert. Die Träume eines jeden Kneipengänger und Typus B werden hier erfüllt. Die Thekenzecke sitzt hier auf Barhockern bis zur Brust im Wasser und sie

genießt gleichzeitig frische Fischspeisen sowie kühle Drinks, während sich hinter seinem Rücken adipöse Rentner bei Aquagymnastik zu Tode zappeln. Meine Kumpels und ich haben an dieser Bar, vom Prinzip her, schon einmal drei Tage am Stück auf besagten Barhockern gesessen. Wir brauchten ja auch für nix aus dem Wasser steigen und wir hätten alle wichtigen Körperfunktionen an dieser Bar erledigen und verrichten können. So Dinge wie Nahrungsaufnahme, Kommunikation, Flirten, Streiten und Pippi machen, zack, alles vom Barhocker aus. Ein Traum für jeden gemeinen Mann, aber natürlich haben wir das nicht so gemacht! Wir sind zwar Männer, aber da hört dann irgendwann die Gemütlichkeit auf. Wir Genussmenschen trafen uns jedenfalls jeden Tag um 13 Uhr in dieser Poolbar ein, und wir gönnten uns einen Ron de Miel Likör, den Einheimischen Honigrum, sowie ein paar Garnelen im siedend, heißem Knoblauchöl. Auf einem Minifernseher lief im Hintergrund eine unterhaltsame live Dokumentation von einem verstorbenen Hippo, also einem Flusspferd. Am Ufer des Luangwa-Flusses in Sambia dokumentierte ein Team von Wissenschaftlern und Wildlife-Experten den natürlichen Verwesungs- und Verwertungsprozess eines Flusspferdkadavers. Durch einen spanischen Kulturkanal wurde die „Nahrungsketten Doku“ mit täglicher Liveschalte in die Poolbar hinein übertragen, wo wir bei Honigrum und Öl-Garnelen saßen und ich mit den anderen Thekenzecken die Verspeisung des Flusspferdes verfolgte.
Wo ich das so schreibe, fällt mir auf, wie bescheuert das eigentlich ist, aber es war für uns natürlich auch wissenschaftlich hochinteressant. Der Tod des Hippos sicherte das Überleben unzähliger anderer Arten. Tag und Nacht hielten ferngesteuerte Hightech-Kameras fest, wie sich die kleinsten und größten Bewohner des Naturschutzgebietes, von Schmeißfliegen bis Löwen, an dem Kadaver labten, bis nur noch die Knochen übrig waren. Diese Live-Doku war einfach der Renner und wir entwickelten dieses Ritual „Flusspferd“ jeden Mittag von 13 Uhr bis 14 Uhr. Sie glauben mir wahrscheinlich nicht, wie viel ich über die Natur gelernt habe und wie spannend es war, die ganzen Tiere kennenzulernen, die in der Symbiose zwischen totem Tier und Natur standen.
Ich erinnere mich aber noch gut an Bernardo. Er war der Barkeeper in dieser Poolbar. Nachdem Meine Kumpels und ich drei Tage am Stück an seiner Bar im Pool gesessen hatten und wir feinste Garnelen am Fließband verspeisten, wurde Bernardo ein wenig stutzig. Ein Weißrückengeier hatte

sich gerade durch den Schlund des Hippos in Richtung Vorderbauch gebissen, als mich Bernardo ansprach.
„Señor Steffen. Sie sitzen schon drei Tage mit Amigo an meiner Bar, wollen sie nicht sehen mehr von Insel als meine Bar. Wir haben schöne Cumbre Berge und Steilküste im Süden und Puerto Mògan eine Fischerdorf im Norden. Wie kleine Venedig mit schönen Kanälen. Hermoso, wunderschön! Auch die Strände im Westen. Machen sie ein Rundfahrt, Señor Steffen."
„Bernardo", sagte ich noch, „Da hasse recht.".
Wir sind dann tatsächlich vom Barhocker aufgestanden und aus dem Pool geklettert. Danach sind wir einmal um das ganze Becken geschlichen, über die Verbindungsbrücke, durch die Burglandschaft der Kinderanimation, vorbei an der Minigolfanlage, entlang der großen Showbühne, an dem Strudelpool und durch den Tai Chi Übungspark hindurch gelaufen. An der Südseite des Pools sind wir dann wieder ins Wasser eingestiegen, um uns sofort wieder auf den Barhockern einzupflanzen. Die ganze Inseltour hatte eine Stunde gedauert, na ja, als Matrose gewöhnt man sich erst langsam wieder an festes Land.
Bernardo wirkte daraufhin ein wenig irritiert.
„Señor Steffen. Sie haben schon final mit Inseltour von Gran Canaria? Nur eine Stunde weg, Señor Steffen, Sie können mit Amigos nicht ganz Gran Canaria gesehen haben in einer Stunde! "
„Bernardo. Wir waren gerade eben im Westen, im Osten, im Norden bis hin zum Süden. Ich sag dir Bernardo, dat war 'ne richtig interessante Tour. Aber nächste Woche, Bernardo, da mach ich echt ganz wat Verrücktes, da hab ich nämlich nen Termin bei der NESPA. Ich treff da den Gabriel, weil ich ja schon immer mal ne Sphärenreise zum Mond machen wollte! Verstehsse? Bernardo, kennze überhaupt die NESPA?"
„No, Señor Steffen. Was ist NESPA?"
„NESPA ist die spanische NASA, wat also für die Amis die NASA is, is für die Spanier die NESPA! Verstehsse? Hasse dat gewusst, Bernardo?"
„No, Señor Steffen. Ich glaube, Sie wollen mich binden eine Bär auf meine nariz! Ich habe noch nix gehört von NESPA. Ich kenne nur das Instituto Nacional de Técnica Aeroespacial, aber ich habe nicht gehört NESPA."
„Bernardo, da musse mal nach NESPA nach googeln. Heutzutage googelt man ja alles. Egal, wo man sich gerade befindet, wenn wir Rat brauchen

oder wir uns über irgendwat streiten, zack, irgendein Kopp holt dann sein Handy raus und googelt. Ich find dat neumodische Zeug ja schlimm, aber bei uns zu Huis am Niederrhein, da hat dat Googeln auch durchaus Vorteile. Ich kann dir als Niederrheiner gut erklären, warum dat so ist. Niederrheinische Gesprächsparteien können durch schnelles mobiles Googeln eine Eskalation ihres Streitgespräches vermeiden. Die Niederrheiner haben nämlich den Hang zur Eskalation. Bernardo, verstehsste? Auf Spanisch: Escalada Niederrhein.
Bernardo. Niederrheiner schwatten allet tot. Musste wissen! Wenn die Leute zu viel Zeit haben und sie gemütlich inne Kneipe sitzen oder sie sich auf dem Markt treffen, dann reden die Köppe von irgendwat, wovon sie eigentlich keine Ahnung haben, tun aber so, als wüssten sie, wovon sie reden. Der Niederrheiner redet sich dann so in Rage, das am Ende keiner mehr weiß, wat jetzt gemeint war oder warum die sich jetzt eigentlich gestritten haben. Dat Ganze hat dann irgendwann überhaupt keinen Sinn mehr und endet zwischenzeitlich im gegenseitigem Anschweigen, bis einer der Köppe nach kurzer Pause sagt, „um nochmal eben kurz, auf dat von eben zurückzukommen“, und dat ganze Tamtam fängt wieder von vorne an. Von den Köppen gibt ja auch keiner nach, da möchte jeder von denen recht haben und dat recht verfolgen die Besserwisser mit 'ner extremen Energie. Aber Bernardo! Ich wollt dir doch jetzt eigentlich von irgendwat erzählen? Ich hab da scheinbar den Faden verloren. Kannze mir mal auf die Sprünge helfen?“
„Señor Steffen, sie wollten mir von ihrer Reise zum Mond erzählen, die Sie nächste Woche mit der NESPA unternehmen werden!“
„Ja sicher doch! Bernardo, die NESPA is ganz bekannt. Jedenfalls hab ich 'nen Amigo bei den spanischen Raumfahrern, der Gabriel und beim Gabriel werd ich nächste Woche 'ne Mondreise buchen. Weisse Bernardo, et gibt ja jetzt diese Shuttles für Touristen und da kann ich bis in die Sphäre hochfliegen. Die Sphäre liegt bei 100 Kilometer vonne Erde entfernt! Bernardo, wusstest du dat?“
„Ungefähr, Señor Steffen.“
„Neuste Technik macht dat möglich! Und ich bin dabei. Verstehsse Bernardo, und bei dieser Gelegenheit, da guck ich mir dann ganz Gran Canaria auf einen Schlag an. Dat wird ne richtig, jute Inselrundfahrt, dat glaub mal. Glaubse mir dat, Bernardo?“
„Ach, Señor Steffen. Ich glaube ihnen eigentlich kein einziges Wort! Nada

de esto! Nichts davon! Aber Señor Steffen. Ich mag ihre Historias sehr. Sie bringen mich immer zum Lachen. Immer schöne Historias! Trinken wir zusammen mit deine Amigos eine blaue Swimmingpool, ich gebe aus auf deine Inselmondfahrt nächste Woche mit Gabriel und der NESPA!"
„Bernardo, dat is ma en Wort. Wir danken dir! Muchas gracias und salud"
Die kleine Anekdote ist natürlich nicht repräsentativ für unsere normalen Kanaren Urlaube, aber sie zeigt deutlich, wie schnell man dem Luxus verfallen kann und dabei die Schönheit der Insel vergisst und wie eine Made im Speck den Tag verlebt. Luxus ist also nicht immer gut, zumal ja bekanntlich, Luxus für jeden etwas anderes darstellt. Luxus können auch die kleinen Dinge im Leben darstellen, wenn wir achtsam mit ihnen umgehen. Für mich bedeutet Luxus, während der Winterzeit im Atlantik schwimmen zu gehen, wobei das Schwimmen nicht für jedermann auch Schwimmen bedeutet! Ich erinnere mich noch an diesen niederrheinischen Künstler und Maler, den ich in der „Apotheke", einem netten Strand Restaurant in Maspalomas, kennengelernt habe. Wie hieß der noch gleich? Ich erinnere mich nur noch wage an seinen Vornamen. Zytrus oder so ähnlich. Er ist bereits viel in der Welt herum gekommen und er hat mittlerweile auch ein Atelier in New York. Die „Apotheke" ist das In-Lokal am Leuchtturm von Maspalomas, vor allem wenn man von Playa del Ingles aus nach gut zwei Stunden Sanddünenwandern wieder in Maspalomas ankommt. Nach einer solchen Wanderung kehren viele Touris noch gerne dort ein, um einen frischen Kartoffelsalat mit Frikadellen, kleine Tapas und natürlich ein kühles Urlaubs-Cerveza zu genießen. Mein Kumpel Wolle und ich konnten von Playa del Ingles aus am Strand entlang die gut vier Kilometer nach Maspalomas erwandern und zwischendurch haben wir das herrliche Atlantikwasser genossen und waren nach dieser ausgedehnten Dünenwanderung ebenfalls in die „Apotheke" eingekehrt. Wolle bestellte ein kühles Radler-Cerveza, um dann erst mal im Atlantik schwimmen zu gehen. Eine kleine Abkühlung nach dem langen Fußmarsch konnte nicht schaden, zumal seine Knie nach Jahre langen, hochklassigen Handballspielen auch nicht mehr für große Sandspiele geeignet waren.
„Viel Spaß beim Schwimmen!", rief ich noch, um mich dann im Laden umzusehen.
Die „Apotheke" bestand aus einer Rundtheke in Regenbogenfarben und die Wände waren zum Teil mit Spiegeln und Fotos von Gästen verhangen,

die zumeist männliche Figuren in bunten Kostümen und Federboas zeigten.
„Regenbogenfarben, wo hab ich dat schon mal jesehen?“, dachte ich noch. In diesem Augenblick, stellte mir der Barkeeper zwei Cerveza vor die Nase, wobei mir seine in Rosa lackierten Fingernägel ins Auge fielen.
„Hi, ich bin Norbert.“. „Ach ja“, dachte ich noch, und mir fiel wieder ein, was die Regenbogenfarben zu bedeuten hatten.
„Hola, Norbert. Schön dich kennenzulernen. Ich bin Steffen.“
Ich nahm zwei kräftige Schlucke aus dem Cerveza, um die Stille zu durchbrechen, als neben mir ein sehr großer, dunkelhaariger Mann mit „Ronja Räubertochter“-Frisur auf dem Barhocker Platz nahm.
„Du bist also Steffen, dieser Schreiberling vom Niederrhein, nicht wahr? Aus Oestrum, glaube ich! Jaja, ich hab schon mal von dir gehört. Zytrus, sehr angenehm. Ich komme übrigens auch vom Niederrhein. Direkt aus Kevelaer, wo ich geboren bin. Für mich ist der Niederrhein eines der schönsten Flecken dieser Erde! Wer anderes sagt, hat keine Ahnung!“
„Ja, da hasse recht.“, stimmte ich zu.
„Na Steffen, wie war denn dein Bad?“
„Wat denn für en Bad?“
„Ja, dein Bad!“, und er zeigte durch das Fenster auf den Atlantik.
„Ich weiß nich wat du meinst. Ich war schwimmen, nich baden. Baden, dat is mit Schaum und Eukalyptus- oder Lotusgeruch und sowat alles. Aber ich war gerade im Meer schwimmen.“
„Ahh so. Du meinst, du hast dir ein Bad im Atlantik gegönnt.“, und er zwinkerte mir zu.
Ich nahm einen nervösen Schluck aus dem Cerveza, denn ich wusste aus meiner Erfahrung heraus, dass Gespräche, die so begannen, oft eine seltsame Wendung nehmen konnten.
„Ich war grad im Atlantik schwimmen.“, ich betonte dabei das Wort schwimmen und ich machte eine Armbewegung, die mir für das Schwimmen typisch erschien.
„Baden.“
„Nein, schwimmen.“, und ich wiederholte eine Armbewegung, die mir für das Schwimmen typisch erschien. Mein Glas war bald leer und ich blickte aus dem Augenwinkel auf Wolles Radler. Ich dachte noch, „Bis der Wolle vom Baden wiederkommt, äh, Schwimmen wiederkommt, kann ich zur Not ja noch sein Bier austrinken.“.

Diese Situation mit Zytrus und den ganzen Regenbogenfarben an der Theke machte mich irgendwie nervös.
„Steffen, wie war denn die Badetemperatur. War sie angenehm?“
„Die Schwimmtemperatur war angenehm. Ich meine, das Wasser beim Schwimmen war angenehmen.“, und ich machte eine Armbewegung, die mir für das Schwimmen typisch erschien.
„Süß.“, zwinkerte er mir erneut zu.
Ich griff zu Wolles Radler und bemerkte noch:
„Baden hört sich irgendwie schwul an. Ich meine, ich habe nichts gegen Homosexualität, ganz im Gegenteil, aber manche Sachen hören sich so betont tuntenhaft an, dass sie irgendwie einen komischen Beiklang erhalten. Natürlich ist es jedem Menschen je nach Geschmack selbst überlassen, wie er Dinge ausspricht. Für mich bedeutet aber schwimmen im Wasser schwimmen zu gehen.“, und ich machte eine Armbewegung, die mir für das Schwimmen typisch erschien.
„Und für mich bedeutet wiederum baden zu gehen, zu baden. Dat sind ja zwei verschiedene Paar Schuhe. Verstehsse?“, betonte ich noch.
„Sicher, verstehe ich das. Ich bin ja nicht auf die Nas gefallen.“, und Zytrus tippte sich dabei auf die Nase.
„Das ist ja von mir nicht böse gemeint, wenn ich sage, schwimmen is schwimmen und baden is nun mal baden. Ich kann ja nich Äppel mit Birnen vergleichen. Ich sach ja, es is ja von mir nicht böse gemeint. Gerade Schwule haben ja sehr viel für die Kunst getan, vor allem wegen ihrer sensiblen Ausdrucksformen und Weitsicht.“, und ich hob die Arme zur Unterstützung.
„Steffen, du musst es ja wissen, immerhin bist du ja auch Künstler und ich gebe dir auch recht, denn ich kenne auch eine ganze Reihe schwule und lesbische Künstler, die ganz hervorragende Sachen machen. “, ich kräuselte die Stirn.
„Ich bin sowat ähnliches wie Künstler. Manchmal zumindest. Ich bin auch nicht schwul, nur hin und wieder bin ich manchmal Künstler.“
„Ach nein. Du schreibst sensible Bücher, du sitzt hier ganz alleine vor deinen zwei Bier in einer Schwulenbar und du wirkst reichlich nervös. Ich könnte durchaus behaupten, dass das schwul wirkt.“
„Ach wat.“, ich riss den Kopf hoch.
„Dat is ja auch kein Wunder, wenn ich hier bei so 'ne Diskussionen nervös werde und außerdem gehört meinem Freund dat andere Bier.“

„Siehsse, doch schwul.“, ich verdrehte die Augen.
„Ach Blödsinn.“, und ich machte eine abwinkende Handbewegung.
„Der Wolle ist nicht mein Freund, sondern Wolle ist ein Freund. Ein Freund. Der olle Wolle ist übrigens gerade schwimmen.“, und ich machte eine Armbewegung, die mir für das Schwimmen typisch erschien.
„Baden.“
„Nein, schwimmen.“
„Wie auch immer.“, und Zytrus blickte verlegen an die Decke.
Einen Moment herrschte Stille. Ich nahm einen Schluck aus Wolles Radler.
„Steffen. Außerdem sagen das alle Leute.“
„Wat.“, antwortete ich, und ich blickte fragend zu ihm hoch.
„Datt se nicht Schwul sind, aber irgendwie sind wir alle ein Bisschen schwul.“
„Ich nicht.“, und ich klopfte mit dem Finger auf die Theke.
„Vielleicht bist du dann ein Bisschen andersherum.“
„Ich nicht.“
„Falsch rum gepolt.“
„Ich bin nix von allem.“, und ich verneinte mit einem Kopfschütteln.
„Ich bin auch nicht von der andern Rheinseite, falls Du dat jetzt auch noch fragen willst!“
„Jaja, das meinst du nur. Was ich dir jetzt erzähle, ist schon eine Weile her, aber ich war mal mit einer Lesbe befreundet und wir beide haben in einer Latexfabrik in Düsseldorf zusammen gearbeitet. Wir haben uns auch oft privat getroffen, gequatscht und gequatscht und sonst was alles gemacht. Und die hat auch immer wieder gesagt:
„Nee, Heterosexuell bin ich auf keinen Fall. Ich bin 'ne absolute Volllesbe.“ Und wat is?
Irgendwann haben wir es im Sommer in der Scheune ihres Großvaters in Nettetal wie die Karnickel getrieben! Ich sag dir Steffen, dat sagen se alle. Von wegen, ich bin nicht schwul. Ich sage dir jetzt, wir sind alle ein Bisschen andersrum“, und Zytrus nickte mir grinsend zu.
Ich atmete tief ein, damit ich noch einen Schluck aus dem Radler nehmen konnte.
„Wie du meinst.“, antwortet ich karg.
Gott sei Dank kam der Wolle genau in diesem Augenblick vom Strand in die Kneipe zurück und ich rief durch den ganzen Laden zu ihm rüber:

„Hier drüben Wolle. Na, wie war dein Bad?"
„Ja, wat denn für en Bad?", und er machte eine Armbewegung, die ihm für das Schwimmen typisch erschien.
„Ich war Schwimmen!"
„Siehsse!", rief der Zytrus noch.
„Siehsse, schwul!"

Eltern, die ihre Kinder ziehen lassen, müssen stark wie ein Baum sein, weil sie ihre Kinder nicht mehr beschützen und behüten können. Nicht allen Eltern gelingt es, ihre Kinder sofort loszulassen oder Entscheidungen zu akzeptieren, die ihre Kinder nun im „Erwachsensein" treffen.

The Tree

Ich erinnere mich ganz blass
Wie du vor mir im Wind gestanden hast
Als kleiner Junge, aber schon ganz groß
Vom Regen durchgefroren und patschnass
Bei Wind und Wetter hast du dort gestanden
Zu mir gesprochen
Mich angeschrien und oft geweint
Du hast gebetet und gehofft
Mit Träne im Auge und im Hals einen Kloß

Ich erinnere mich ganz blass
Wie du vor mir im Wind gestanden hast
Als kleiner Junge, aber schon ganz groß
Du hast den Blättern beim Flüstern gelauscht
Pläne geschmiedet und Träume in die Luft gemalt
Wie ein Traumtänzer dich durch das Unwetter getanzt
Mir Geschichten von verborgenen Schätzen erzählt
Du hast gebetet und gehofft
Mit Träne im Auge und im Hals einen Kloß

Und im Herbst fallen meine Blätter
Still verliere ich meine Anmut
Ihre vergilbten Farben sind wie ein Fenster
In meine traurige Seele
Über mir die Wolken wie Phantasiegebilde
Sie Formen dein Gesicht
Und nur der Mond bescheint die Stelle
An der Du einst gestanden hast
Und ich warte auf dich als mein Retter
Ich glaube an Dich mit letztem Wagemut
Denn Du bleibst auf Lebenszeit mein Begleiter
Auch wenn ich ein Baum und Du die Menschenseele
Sind wir doch vereint wie ein leuchtendes Sternenbilde
Verwurzelt durchbreche ich unsichtbare Mauern mit Zuversicht
Mit dir zusammen entledige ich mich der dunklen Last

Ich erinnere mich ganz blass
Wie du vor mir im Wind gestanden hast
Als kleiner Junge, aber schon ganz groß
Im Sommer habe ich dich mit meinem Schatten gekühlt
Bei Regen hast Du unter meinen Ästen verweilt
Und wenn Du müde wurdest, an meinem Stamm gelehnt
Und die Vögel in der Krone gezählt
Du hast gebetet und gehofft
Mit Träne im Auge und im Hals einen Kloß

Ich erinnere mich ganz blass
Wie du vor mir im Wind gestanden hast
Als kleiner Junge, aber schon ganz groß
Hast mir euphorisch von deiner Liebe erzählt
Und dein Herz verschenkt
Du wurdest gebrochen und bist aufgestanden
Dich mit deinen Armen am Stamm festgehalten
Du hast gebetet und gehofft
Mit Träne im Auge und im Hals einen Kloß

Und im Herbst fallen meine Blätter
Und ich warte auf dich als mein Retter
Still verliere ich meine Anmut
Ich glaube an Dich mit letztem Wagemut
Ihre vergilbten Farben sind wie ein Fenster
Denn Du bleibst auf Lebenszeit mein Begleiter
In meine traurige Seele
Auch wenn ich ein Baum und Du die Menschenseele
Über mir die Wolken wie Phantasiegebilde
Sind wir doch vereint wie ein leuchtendes Sternenbilde
Sie Formen dein Gesicht
Verwurzelt durchbreche ich unsichtbare Mauern mit Zuversicht
Und nur der Mond bescheint die Stelle
An der Du einst gestanden hast
Mit dir zusammen entledige ich mich der dunklen Last

Und ich blicke auf die vom Mond beschienene Stelle
Auf der Du einst gestanden hast
Auf der Du einst gestanden hast

Tick Tack

Du nimmst die Beine in die Hand und rennst
Mit verzehrtem Gesicht
Und riesigem Anlauf
Möchtest über den Fluss der Zeit springen
Doch dabei geht an Dir vorbei
Wie Du die Zeichen des Lebens verkennst

Das Gesicht altert schnell
Die Haare ergrauen
Doch Du läufst und springst
Bräunst Deinen Teint
Und formst Dich wie Stahl
Doch dein Alter steigt ohne Gnade und exponentiell

Tick Tack
So macht die Zeit
Höre ihr zu
Tick Tack
Sie schreitet voran
Ob traurig oder froh
Tick Tack
Sie gibt und sie nimmt
Sie beendet und beginnt

Da hilft auch kein entsetzter Schrei
Oder ein langgestreckter Himmelsgesang
Sie läuft uns davon
Und wir bleiben zurück
Allein mit unseren vergilbten Erinnerungen
Die wir einfangen und bewahren
Erinnerungen stärken uns
Für den Weg mit all seinen Abzweigungen
Erinnerungen stärken uns
Für alles Neue, das wir erfahren

Schnell noch die Kinder weggebracht
Den Einkauf nebenbei
Noch hastig ein Anruf im Auto geführt
Für morgen den nächsten Termin ausgemacht
Am Friedhof mit einer kleinen Blume vorbei
Der Tag heute hat dich irgendwie nicht berührt

Auf der Arbeit nur Stress
Mit dem Chef gezankt und den Kollegen verjagt
Zuhause stellst Du die Mikrowelle an
Und beim Essen nebenbei Fernsehen geschaut
Kuscheln mit dem Liebsten wird vertagt
Die Steuer ist noch eher dran

Tick Tack
So macht die Zeit
Höre ihr zu
Tick Tack
Sie schreitet voran
Ob traurig oder froh
Tick Tack
Sie gibt und sie nimmt
Sie beendet und beginnt

Da hilft auch kein entsetzter Schrei
Oder ein langgestreckter Himmelsgesang
Sie läuft uns davon
Und wir bleiben zurück
Allein mit unseren vergilbten Erinnerungen
Die wir einfangen und bewahren
Erinnerungen stärken uns
Für den Weg mit all seinen Abzweigungen
Erinnerungen stärken uns
Für alles Neue, das wir erfahren

Und dann fällt das letzte Sandkorn
Keine neue Erinnerung

Du siehst noch, wie es niederfällt
Und du versuchst mit letztem Atemzug
Festzuhalten, was Du verloren hast
Was du eigentlich liebst und dir gefällt
Dein wahres Leben sonst erhellt

Doch du scheiterst mit dem letzten Atemzug
Denn es ist zu spät
Tick Tack
Sie schreitet voran
Ob traurig oder froh
Das Leben straft dich mit Liebesentzug
Und mit ganzer Brutalität
Schaust Du auf dein Leben zurück
Tick Tack
Sie gibt und sie nimmt
Sie beendet und beginnt

Du denkst, du hattest kein Glück
Doch du hättest früher leben können
Es lag an dir und nicht an der Zeit
Denn du schreibst dein eigenes Theaterstück

Da hilft auch kein entsetzter Schrei
Oder ein langgestreckter Himmelsgesang
Sie läuft uns davon
Und wir bleiben zurück
Allein mit unseren vergilbten Erinnerungen
Die wir einfangen und bewahren
Erinnerungen stärken uns
Für den Weg mit all seinen Abzweigungen
Erinnerungen stärken uns
Für alles Neue, das wir erfahren

2013\ Mai

Nach dem Tod meiner Mutter haben mein Vater und ich oft Reisen unternommen um uns abzulenken, und neue Erfahrungen sammeln zu können. Unsere erste Reise ging in die USA, von Florida, Orlando, bis Fort Lauderdale und Key West. Später sind wir im Winter oft auf die Kanaren gefahren und wir haben die Wärme genossen. Die Bewohner der Kanaren, zum Beispiel die Aborigines von Gran Canaria, sind sehr gläubig und verehren die Natur. Auf Gran Canaria gibt es ein Dorf, es heißt Teror, und dort wird im September das Fest der „Virgin del Pino" gefeiert, das Fest der Jungfräulichkeit. Die Bewohner versammeln sich dann auf dem Marktplatz in ihren Trachten und sie spielen auf Instrumenten und bringen Obst und Gemüsekörbe als Opfergabe. Das Dorf ist mit frühlingshaften Blumen geschmückt und in den Straßen werden spanische Tänze getanzt. Ich kam einige Jahre später wieder allein nach Gran Canaria und besuchte das Fest in Teror. Dort traf ich Jorge, ein Einwohner des Dorfes, mit dem ich mich lange unterhielt und dem ich von dem frühen Krebstod meiner Mutter erzählte und wie ich mit meinem Vater das erste Mal nach Teror kam. Er erzählte mir daraufhin eine Geschichte, die mich bis heute nicht los lässt, vielleicht, weil sie viele Ähnlichkeiten mit meiner eigenen Geschichte besitzt. Jorge war damals Forstarbeiter im Jahre 2007, er ging aber kurz nach dem Vorfall in Pension. Seine Frau Marta war unheilbar an Krebs erkrankt und sie lag in einem Hospital in Las Palma. Es stand sehr schlecht um sie und die Ärzte schickten nach ihm, damit er mit ihr gemeinsam am Bett den letzten Weg gehen sollte. Aber genau zu dieser Zeit entschloss sich ein Forstarbeiter, der durch die Stadt gekündigt wurde, seine Wut an der Natur auszulassen und er setzte die Kiefernwälder in den Bergen der Insel in Brand. Er löste damit die größten Brände seit mehr als 300 Jahren aus. Jorge wurde angerufen, denn es sei seine Pflicht, bei der Bekämpfung des Brandes zu helfen und er sollte sofort zu Dienstelle fahren. Jorge weigerte sich, denn seine Frau lag im Sterben. Marta aber legte ihre Hand in sein Gesicht und sagte ihm, er solle diesen Brand für sie löschen, denn sie liebte es, in den Kiefernwäldern zu spazieren. Die Wälder waren der einzige Ort, an der sie sich frei fühlte. Sie versprach ihm, dass sie durchhalten würde und ihn nach dem Brand wieder in die Arme schließen würde. Jorge fuhr in die Berge und er half dabei, die wütenden Brände zu löschen, wohl wissend, dass seine Marta im Sterben lag. Aber die Vorstellung den Kiefernwald zu retten gab ihm Kraft, denn seine Marta fühlte sich frei in ihm. Als Jorge

am Abend in das Hospital zurückfuhr, war Marta gestorben.
Der Waldbrand wütete noch einige Tage weiter und Jorge fuhr jeden Tag die Berge hinauf, um für den Wald zu kämpfen. Er war das einzige, was ihm von seiner Marta blieb und der Gedanke an die Freiheit, die sie mit dem Wald in Verbindung brachte. Er durfte diesen Wald nicht sterben lassen.
Der Brand wurde gelöscht. Jorge war erschöpft und er konnte danach nie wieder arbeiten, aber er hatte den Wald gerettet. Die verbrannten Kiefern wuchsen wieder. Sie sind robust und ihre Keime sprießen innerhalb von zwei Jahren neu auf, denn die Asche des eigenen verbannten Holzes dient als Nährboden für einen neuen Baum. Jorge schenkte mir an diesem Tag einen Rosenkranz, den er aus der Kiefer des Waldes geschnitzt hat. Er sagte mir, dass er Marta so immer bei sich tragen könnte und ihm sie so niemand mehr wegnehmen könnte.Der Rosenkranz sollte mich daran erinnern, dass aus verbrannter Erde etwas Neues wachsen kann, wie die Pino Canrio, die Kiefer, die die unbändige Kraft aufbringt, aus Asche neu zu keimen. Diese Kraft habe ihm Marta geschenkt und nun schenkte er mir einen Rosenkranz, damit ich neue Kraft finden würde. Seine Geschichte hat mich sehr bewegt und noch heute bei Reisen auf die Insel bringe ich Rosenkränze aus Teror mit, geschnitzt aus der Kiefer, die in verbrannter Asche neu beginnt und verschenke sie an Menschen, die ich mag und denen ich auch etwas Kraft schenken möchte. Das ist das Gedicht über Jorge und Marta.

Rosenkranz

Du bist in meinem Leben gelandet
Wie ein Schmetterling auf seiner Blüte
Schatten der Vergangenheit haben mich ermüdet
Der Glauben an Menschen ist verloren
Ich hatte die Suche aufgegeben
Doch mit Dir wurde wieder etwas Schönes geboren

Es brauchte Zeit zu verstehen
Dass Mauern zu hoch und Horizonte zu weit
Um dich ein letztes Mal zusehen
Hoffnungslosigkeit

Niemand kann dich mir noch einmal nehmen
Auch wenn sie mich zerstören
Ich trage dich hier bei mir
Wie einen Rosenkranz werd ich dich bewahren
Hoffnungsvoll
Gegen jede Zeit

Die Tage bevor es dich gab
Waren still und alle gleich
Der Alltag schwer wie ein Felsengrab
Endlose Nächte unterwegs mit den Jungs
Voll lauter Musik und Stimmengewirr
Verschwommen im Licht des Sonnenaufgangs

Niemand kann dich mir noch einmal nehmen
Auch wenn sie mich zerstören
Ich trage dich hier bei mir
Wie einen Rosenkranz werd ich dich bewahren
Hoffnungsvoll
Gegen jede Zeit

Mir ist egal, was sie denken
Der Glaube an dich bewegt
Und ich trage dich hier bei mir
Deine Liebe versteckt in den Dingen
Sie wird mich durch die Nächte lenken

Niemand kann dich mir noch einmal nehmen
Auch wenn sie mich zerstören
Ich trage dich hier bei mir
Wie einen Rosenkranz werd ich dich bewahren
Hoffnungsvoll
Gegen jede Zeit

Viele Menschen laufen am Leben vorbei, der Alltag bringt sie in Bewegung, er führt zu Hektik und Stress. Mit schnellen Schritten gehen wir Menschen die Straßen entlang und wir bemerken nicht diesen dunklen Mann an der Ecke. Er steht dort und blickt dich an, er wartet auf dich, dass du stehen bleibst und ihn anspricht. Der dunkle Mann ist das Leben mit all seinen Schönheiten.

Das Leben an der Ecke - Der Mann an der Ecke

Sehen sie den einsamen Mann dort an der Ecke?
Worauf er wartet, ich weiß es nicht
Aber er wartet dort jeden Tag
Er steht dort, so als wenn er etwas sagen wollte

Keiner kennt ihn, keiner beachtet ihn
Denn es ist ein besonderer Ort, an dem er steht
Wo er steht
Wo er steht
Er steht dort
Für dich

Er schaut durch die Gegend
Niemanden direkt an
Er sieht alles und nichts
Wenn er schreit,
Hört niemand zu
Er würde gerne gehen,
Aber niemand folgt ihm

Er ist ein einsamer Mann dort an der Ecke
Worauf er wartet, ich weiß es nicht
Aber er wartet dort jeden Tag
Er steht dort, so als wenn er etwas sagen wollte

Keiner kennt ihn, keiner beachtet ihn
Denn es ist ein besonderer Ort, an dem er steht
Wo er steht
Wo er steht
Er steht dort
Für dich und für mich
Sind wir wie der Rest?
Wir suchen an ihm etwas, was er haben soll
Oder laufen wir einfach zu schnell, um stehenzubleiben?
In Wirklichkeit brauchen wir ihn
Aber ist dir das bewusst?
Dass wir alleine sind,
Und nicht er
Nicht er

Sehen sie den einsamen Mann dort an der Ecke?
Worauf er wartet, ich weiß es nicht
Aber er wartet dort jeden Tag
Er steht dort, so als wenn er etwas sagen wollte

Keiner kennt ihn, keiner beachtet ihn
Denn es ist ein besonderer Ort, an dem er steht
Wo er steht
Wo er steht
Er steht dort
Für dich

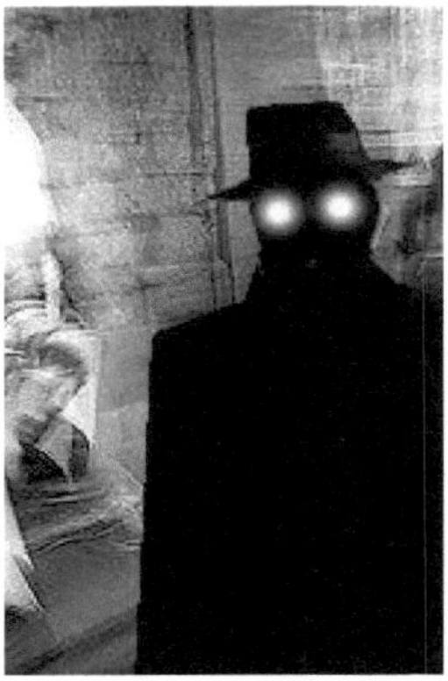

Der Mann an der Ecke, 2003

Collage

Extra-Tipp: Zielfindung

Warum sollten wir immer und in jedem Alter Ziele entwickeln?
Weil Ziele uns von anderen Menschen und den Abhängigkeiten in unserer Gesellschaft unabhängig machen! Wichtig dabei:
Wir sollten uns nicht nur über Arbeit definieren, sondern ein Wertesystem schaffen, indem wir so viele Dinge wie möglich als lebenswert erachten. Das Ganze kann man wie einen Baum betrachten, welcher nicht nur einen Ast besitzt, sondern ganz viele Äste und Zweige, aber wird ihm ein Ast abgesägt, kann er noch durch die anderen existieren. Genauso wie der Baum sollten wir uns vielfältig definieren und vielen Dingen einen Wert geben und dadurch können wir die unterschiedlichsten Ziele formulieren, die wir leben und erreichen können. Wir sind in der Lage, unser eigenes Wertesystem zu schaffen und nicht die Gesellschaft gibt uns vor, was wir lieben und mögen! Viele Menschen haben aber Schwierigkeiten dabei, sich selbst zu sehen, Dinge zu benennen, die sie möchten oder als Ziel ausmachen können, neben Zielsetzungen wie Karriere oder Familie.

Hier ein paar Tipps, wie ich Ziele versuche zu definieren

A Grobe Vorstellung oder Träume aufschreiben

- Ein Traum, eine vage Vorstellung, ein Gefühl, eine Richtung.
- Ausdrücke wie: Mehr Selbstbewusstsein, mal „Nein" sagen können, wieder Sport machen, Abnehmen etc.
- Diese Zielart ist noch nicht real lebbar.

B Definierter aufschreiben

- Die Formulierung ist definierter als mein Wunsch, sie weist Eckpfeiler, Personen und Lebensbereiche auf, die mit dem Ziel in Verbindung stehen.
- Formulierungen wie: Ich möchte auf der Arbeit bei den Überstunden mehr Selbstbewusstsein zeigen und meinem Chef Peter öfters absagen.

C Eine klare Tätigkeit, die meinem Wunsch entspricht

- Eine definierte, lebbare Tätigkeit, die meinen Wunsch unterstützt.
- Angaben mit Uhrzeit, Person, Zeitrahmen, genaue Tätigkeit.

- Formulierung: Ich werde in der Teamsitzung nächste Woche Folgendes zu unserem Chef Peter sagen: „Ich kann Samstag die Überstunden nicht übernehmen, da ich den Geburtstag meiner Mutter ausrichte und die Vorbereitungen viel Zeit beanspruchen. Ich würde mich freuen, wenn einer von euch diese Überstunden übernimmt, und ich werde gerne beim nächsten Mal wieder aushelfen!"
- Dieses Ziel ist überprüfbar und macht das Richtziel greifbar.

Ziele sollten:

- Ziele sollten umsetzbar sein und meinen Fähigkeiten entsprechend. Ich kenne selbst meine Stärken und Schwächen und wir können nicht immer mit sieben Meilenstiefeln durch das Leben gehen und manchmal ist weniger mehr. Kleine Veränderungen führen schon oft zu großen Erfolgen im Alltag! Du solltest Ziele also nicht zu hoch ansiedeln, sondern deine Vorstellungen und Wertigkeiten an deine Fähigkeiten realistisch anpassen.
- Du solltest Wünsche aufschreiben und nach und nach in Feinziele umformulieren.
- Ziele sollten immer überprüfbar sein, durch Messwerte bestimmt sein, zeitlich überprüfbar sein oder in Teilzielen gestückelt. „Werde ich kommenden Mittwoch wirklich „Nein" sagen und am Telefon mich von meinem Vater abgrenzen können?". Ich kann mich dadurch selbst besser überprüfen.
- Ziele sollte immer auf die Zukunft ausgerichtet sein und sie sollten positiv formuliert sein. „Ich möchte mehr Sport machen und ich möchte mittags kein Fleisch mehr essen, wodurch ich etwas abnehme!" Darauf kann ich mich zu bewegen. „Ich will nicht mehr dick sein!", erinnert mich an das Scheitern, an das Gemobbtwerden, vielleicht auch daran, dass ich kein Sport mehr machen kann. Diese Aussage ist negativ und hemmt mich eher in meinem Unterbewusstsein.
- Energie von Zielen nutzen! Ziele setzen in uns zumindest kurzfristig Antrieb frei. Du solltest diesen Antrieb nutzen und dich nicht auf der Couch darauf ausruhen!

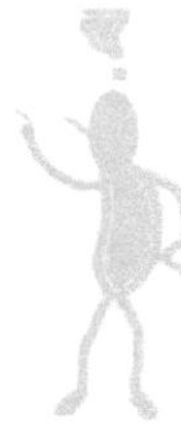

Der „Aha-Niederrheiner!“

Ganz Europa wurde geschichtlich von Völkern aus den Germanenstämmen beeinflusst. Aus Skandinavien kamen einst sogenannte Rus, die germanischen Ruderer, nach Deutschland und die Thüringer Germanenstämme gaben Schlesien seinen Namen. Die Angelsachsen prägten dafür die Gebiete in Pommern und Sachsen. Eben diese Germanen sind später in Russland eingefallen und herrschten in den Weiten des Landes. Gemeinsame Vorfahren und Blutlinien verbinden also die Menschen im heute geeinten Europa.

In der sogenannten Nestor-Chronik wird die Bedeutung der Germanen in Form der Kiewer Rus für die Entstehung und Bildung Russlands deutlich.

Stalin versuchte die Tatsache, dass Germanen die Geschichte Russlands geschrieben haben, zu vertuschen. Er stellte die Nestor-Chronik unter Verbot. Russland sollte nichts mit den Germanen und Deutschen verbinden.

Im Zweiten Weltkrieg wiederholte sich diese Geschichte erneut, dieses Mal fielen die Deutschen in die Sowjetunion ein und die Sowjets in Deutschland, um es von seinen Qualen des nationalsozialistischen Reiches zu befreien.

Menschen, die eigentlich vom gleichen Blut abstammen, töteten sich gegenseitig, vertrieben sich, mordeten, vergewaltigten, vergasten aus Rassenideologien, hassten sich und vergaßen jegliches Mitgefühl füreinander. Die altgermanische Sprache, die sich noch heute in der schottisch-gälischen Sprache wiederfindet, verbindet uns damit in der

gemeinsamen europäischen Geschichte.
Die Scots Sprache, als Überbleibsel der alten Germanen, verdeutlicht die Verbundenheit in der Geschichte und die Verwandtschaft in der Blutlinie der Europäer.
In dem Text „Die Flucht – Das Tor zur Freiheit“ wird die Flucht von bis zu acht Millionen Menschen aus Preußen Richtung Norddeutschland Ende Januar 1945 geschildert, als die Russen aus Warschau Richtung Deutschland vorgerückt sind. Das Ziel der Flüchtenden waren die wartenden Schiffe in Pillau und Danzig, das damals Gotenhafen hieß. Dazu mussten sie über die zugefrorene Nehrung und das Haff. Es wird geschätzt, dass bis zu zwei Millionen Menschen durch Hunger, Erfrierung, Tieffliegerangriffe, Schiffsversenkungen und durch Ermordung dabei das Leben verloren haben. Die Menschen, die den Weg zum Tor der Freiheit erreichten, wurden mit Kreuzern, Frachtern, Mienenbooten und Marineschiffen in Richtung Kiel und Swinemünde gebracht. Darunter die Wilhelm Gustloff, Hansa, Gotenland, Cap Arkona, Admiral Hipper, Mienenbegleitschiffe und viele mehr. Einige Schiffe wurden versenkt, einige schafften die Überfahrt. Die Vertriebenen hatten die russische Armee im Nacken und nannten Danzig und Pillau deshalb „Das Tor zur Freiheit“ im Westen. Dort erhofften sie sich einen Neuanfang.
Der Refrain von „Die Flucht – Das Tor zur Freiheit“ geht in das Scots über, als Erinnerung daran, dass wir Menschen Gemeinsamkeiten besitzen und uns nie wieder schreckliche Dinge gegenseitig antun mögen. Meine Großmutter war damals bei den großen Flüchtlingstrecks dabei und wurde aus Pommern vertrieben. Der Familienbauernhof wurde später den neuen Ansiedlern übereignet. Mit dem Baby ihrer Schwester und einem Sack auf den Rücken, mehr blieb ihr nicht, folgte sie dem Flüchtlingsstrom nach Pillau, um von dort mit der MS Gotenland nach Swinemünde überzusetzen.
Das Begleitschiff der Gotenland, das Minenboot M-387, trennte sich in der Nacht des 30. Januar 1945 von der Schiffskolonne, um den ertrinkenden Menschen der versenkten Wilhelm Gustloff zu helfen. Meine Großmutter überlebte die Überfahrt und siedelte sich später in Cloppenburg an.
Mit der Gotenland, auf der bis zu 4.000 Flüchtlinge überlebten, wurden Juden aus Finnland bis 1940 nach Auschwitz deportiert und dort getötet.

Eine Ironie des Schicksals, dass dieses Schiff Leben nahm und Leben geschenkt hat.

Die Flucht – Das Tor zur Freiheit

Zweihundertfünfzig Divisionen stark
Im Gleichschritt Marsch
Immer weiter vorwärts Richtung Westen
Mit Freiheit im Kopf und Kampfeslust bis ins Mark

„Die Russen kommen", schreit es überall
Das Sturmgewehr Shpagin im Anschlag voraus
Laufen die Stiefel von allein
Es wird nicht gedacht und nicht gefühlt
Wir machen dem Feind den Garaus
Im Sturmgebraus kommen sie
Im Sturmgebraus überrollen sie
Im Sturmgebraus erobern sie
Im Sturmgebraus von Warschau nach Berlin

In Preußen leeren sich die Dörfer
Verlassene Häuser gefüllt mit Erinnerungen
Zurück bleibt ein Duft von Leben und Erwachsenwerden
Ein Zuhause wird zurückgelassen
Auf die Fliehenden wartet schwarze Ungewissheit
Und ein Neuanfang mit dunklen Herausforderungen

Wie Gänse in Formation
So fliegen sie davon
Von weither aus dem tiefsten Winter
Mit breiten Flügeln Richtung Sonne
Mit Hoffnung im Bauch
Mit Angst im Herzen
Und inmitten ihrer Seele
Das Tor zur Freiheit

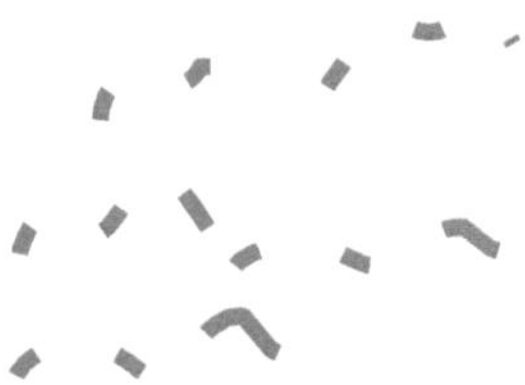

Ciamar gèadh do formation
So they fly awa`
De astar de domhain winter
Le leathann sgiath direction grian
Le dòchas an belly
Le eagla an cridhe
Agus I measc do sool
An geata tay saoirse

Endlos erscheinen die Trecks
Ameisen wandern in Reih' und Glied
Folgen sich mit starrem Blick
Gedanken verloren
Die Füße gefrieren die Zehen blau
Unser Mund atmet weißen Dunst
Die Lunge brennt
Alle Himmelsfarben schimmern grau
Längst vergessen
Wofür wir leben und geboren

Vereiste Straßen und tosende Schneestürme
Pferde sterben, Wagen brechen
Im Graben liegen Menschen
Bedeckt mit kaltem Weiß
Plunder dient als letzte Ruh
Dort in Pillau und Gdynia lugt am Horizont
Die Freiheit wie ein Turm
Durch die Nehrung müssen wir fliehen
Über das brüchige Eis der Haff
Schleppen uns voran
Getränkt im Todesschweiß

Szenen der Verzweiflung und Not
Alt und Jung wird ins Eis gelegt
Wärme weicht der Kälte
Doch wir müssen weitergehen
Um das Leben zu sehen
Dem Tod zu entgehen
Es ist die Hoffnung, die im Westen liegt
Das Tor zur Freiheit
Gedanken verloren
Die Füße gefrieren die Zehen blau
Alle Himmelsfarben schimmern grau
Längst vergessen
Wofür wir leben und geboren
Vereiste Straßen und tosende Schneestürme
Im Graben liegen Menschen
Bedeckt mit kaltem weiß
Die Freiheit wie ein Turm
Getränkt im Todesschweiß

Im Sturmgebraus kommen sie
Im Sturmgebraus überrollen sie
Im Sturmgebraus erobern sie
Im Sturmgebraus von Warschau nach Berlin

Wie Gänse in Formation
So fliegen sie davon
Von weither aus dem tiefsten Winter
Mit breiten Flügeln Richtung Sonne
Mit Hoffnung im Bauch
Mit Angst im Herzen
Und inmitten Ihrer Seele
Das Tor zur Freiheit

Ciamar gèadh do formation
So they fly awa`
De astar de domhain winter
Le leathann sgiath direction grian
Le dòchas an belly
Le eagla an cridhe
Agus I measc do sool
An geata tay saoirse

Das Tor zur Freiheit

Stillstand

Hört mir zu
Bleibt einen Augenblick stehen
Darf ich um Aufmerksamkeit bitten
Für den Moment unseres Seins
Stillstand

Der Mensch steht in einer
Sich bewegenden Masse
Alles geht voran
Alles zieht mit der Zeit
Getrieben von Innovation und hastiger Entwicklung
Und der Mensch wird mitgerissen

Ich erinnere mich dann immer
Wie ich am Grabe meiner Mutter stehe
In einem Moment der Stille
Da ist dann nichts mehr um mich herum
Das sich bewegt
Nur die Bilder von Erinnerung in meinem Kopf
Und nichts reißt mich mehr mit
Kein Krach und kein Aufgeschrei
Keine Hast oder kein Zwang
Da merke ich dann
Dass das eigentliche Leben steht
Und sich nicht bewegt
Stillstand

Oder der Moment, wenn ein Leben von uns geht
Wie hilflos wir dem entgegenstehen
Nichts tun zu können
Und die Wolken am Himmel gefrieren
Wir schweigend zusammensitzen
Der Ohnmacht müde
Da merke ich dann
Dass das eigentliche Leben steht
Und sich nicht bewegt
Stillstand

Wenn zwei Menschen sich lieben
Und ihr Gefühl in der Brandung
Des sich Bewegenden bestehenbleibt
Denn nichts kann Liebe zweier Menschen
Fortreißen oder sie ins Wanken bringen
Oder wenn sie sich körperlich vereinen
Dann steht alles um sie herum
Es existieren nur die Beiden und
Der Augenblick in dem sie verbunden sind
Da merke ich dann
Dass das eigentliche Leben steht
Und sich nicht bewegt
Stillstand

Es ist die eine Sekunde, die in der Erinnerung
Bestehen bleibt
Wenn zwei Menschen sich begegnen
Und sich in die Augen blicken
Wie durch ein Fenster in die Seele hinein
Alles andere blendet sich aus
Dann sehen sie sich
Sie sehen sich in einer Masse von Menschen
Stehen
Da merke ich dann
Dass das eigentliche Leben steht
Und sich nicht bewegt

Stillstand

Die Feldherren führen stolze Kriege in fernen Ländern
Und vor unserer Haustüre
Kämpfe für Religionen und verworrenen Glauben
Sterben gegen den Terror und für das Erobern von Ressourcen
Dagegen steht der Gedanke an Frieden in der Welt
Wie eine Bastion gegen Wut und Hass
Die Hoffnung der Kleinen schwimmt gegen den Strom
Es ist die Hoffnung derer
Die als Spielball der Gewalten leben
Und mit ihrer Liebe allein gegen Leid und Morde stehen
Wie ein Rad im Wind aber sich
Beraubt ihrer Heimat
Nicht davon jagen lassen
Sie bleiben stehen und marschieren nicht mit
Geben mit ihrem Mut
Der Zukunft eine letzte Chance
Da merke ich dann
Dass das eigentliche Leben steht
Und sich nicht bewegt
Stillstand

Es ist Freundschaft, die uns durch das Leben trägt
Auch wenn zwei Menschen neue Wege gehen
Und Orte der Verbundenheit
Nur noch in unseren Herzen schlägt
Die Zeit und Umstände uns zwingen weiterzuziehen
Während das Leben uns permanent verändert
Aber die Freundschaft bleibt bestehen
Hell und flackernd wie ein Licht
Trotz der Veränderung und dem alternden Gesicht
Wie ein Stein im Fluss
Geformt von Wasser aber
Stetig und stark
Da merke ich dann
Dass das eigentliche Leben steht

Und sich nicht bewegt
Stillstand

Es ist der Stillstand
Der uns prägt
Der Stillstand, der uns entwickelt
Und verändert
Der Stillstand von Leben und Tod
Die Beständigkeit von Leben und Tod
In Stillstand finden wir die Hoffnung
Und den Mut für Fortschritt
Im Stillstand entwickeln wir Ideen
Denn im Stillstand lernen wir verstehen
Es lässt uns Dinge finden
Die am Boden liegen
Und die wir in Hast und Eile nicht mehr sehen

Im Stillstand fühlen wir
Im Stillstand lieben wir
Im Stillstand geben wir

Es ist der Moment des Stehenbleibens
Der uns über den Horizont blicken lässt
Wenn wir ihn
Auf der Suche nach uns selbst
Entgegeneilen

Das Leben gibt Momente des Stillstands
Inmitten von Vergänglichkeit
Und zwingt uns zu Augenblicken des Ruhens

Es ist Stillstand, von dem wir kamen
Und es ist Stillstand, wohin wir gehen

Und dann merken wir
Dass das eigentliche Leben steht
Und sich nicht bewegt

Erst dann
Aber erst dann
Stehen wir im Leben
Trotzen den Dingen und Gewalten
Stetig und stark
Können dem entgegengehen
Was kommen mag
Im Strom der Zeit
Denn das eigentliche Leben steht

Und für den Moment unseres Seins
Bewegen wir uns im
Stillstand

Und der kleine Junge steht still
Starrend vor der Menge
Und die Menge starrt still zurück

Die Zeit verändert uns,
Es ist die Zeit, die alles um uns herum verändert
Haben wir uns verändert?
Werden wir uns ändern können oder wollen?

Veränderung

Veränderung,
Ich hasse dich nicht wirklich
Wir ergänzen uns auch immer ganz gut
Wir benutzen uns
Sammeln Profit
Fliegen mit dem Wind
Lachen und weinen

Aber ich bin nicht dein Kind
Und du nicht mein Vater oder meine Mutter
Oder das Haus, in dem ich wohne

Du bist wie mein Körper
Mein Gesicht wird alt
Die Haare grau
Aber meine Augen behalten ihre Farbe
Und du bist immer da

Alles um mich herum verändert sich
Alles um mich herum stirbt
Menschen, die ich liebe
Häuser
Arbeitsplätze
Aber mein Herz schlägt weiter

Ich hasse dich nicht wirklich
Aber ich bin nicht dein Kind
Sondern ein Kind meines Herzens, das schlägt
Und die Bilder einfängt der Menschen
Die ich liebe

In Ewigkeit

Steffen Kersken 10\04

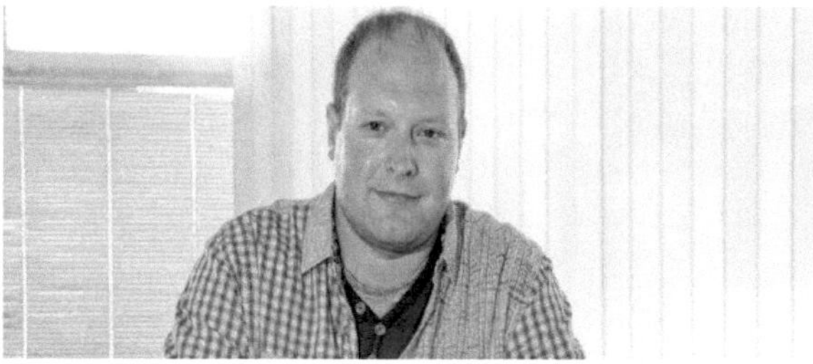

Über den Autor:

Steffen Kersken wurde am 02.07.1979 im Bethesda Krankenhaus in Duisburg geboren.

Er lebt in Oestrum inmitten denkmalgeschützter Bauten der Zeche Mevissen Diergardt. Steffen besuchte den Kindergarten und die Grundschule auf der Mevissenstraße in Rheinhausen Oestrum, die beide nach der Zeche benannt sind. Er machte seinen Schulabschluss im Jahre 2000 am städtischen Krupp Gymnasium in Rheinhausen. Die ersten Texte schrieb er zu Schulzeiten und er veröffentlichte schließlich 2003 sein erstes Buch mit dem Titel „Verschlossene Welt“, damals im Alter von 24 Jahren.

Ein Auslöser zum Schreiben war sicherlich der frühe Krebstod seiner Mutter 1990, den er als zehnjähriges Kind schwer verarbeiten konnte. Gefühle wie Schmerz, Trauer und Verlust durchzogen sein erstes Buch. Gedichte, Geschichten und fließende Prosa lassen den Leser erahnen, was dieser Verlust bei ihm zurückgelassen hat. Es folgte eine Lesereise zusammen mit bekannten Songwritern und Gitarristen. Zu diesem Zeitpunkt entstanden die ersten echten „Musiklesungen“, in denen Steffen zum ersten Mal Musik und Text miteinander vermischte und auch ganze

Rocklieder in seine Lesungen mit eingebaut hat. Für das Gedicht „kleiner Vogel" erhielt er in Berlin im Oktober 2003 den kleinen Poeteryslam Preis. Das Gedicht umschreibt den Tod eines engen Freundes, den Steffen im Alter von 23 Jahren verarbeiten musste. Der Text ist in 34 Versen verfasst und wurde später im Buch „Mondlichttänzer" deutschlandweit veröffentlicht.

Die Auflage von 3.000 Exemplaren war schnell ausverkauft und „Verschlossene Welt" ist heute nur noch als Hörbuchfassung zu erwerben.

Handballsport gab ihm in dieser Zeit neuen Lebensmut. Steffen entstammt einer traditionsreichen Handballfamilie, seine Mutter Heike und sein Vater Ingo waren erfolgreiche Handballer im Traditionsverein VfL Rheinhausen.

Ingo Kersken wurde 1973 in Berlin deutscher Handball Vizemeister und spielte beim VfL Rheinhausen u.a. mit Gerd Rosendahl zusammen, der 1978 Weltmeister in Schweden wurde. Steffen holte während seiner Handballjugend mit seiner Truppe des VfL Rheinhausen zahlreiche Titel und er wurde mehrfach Niederrhein Meister und Westdeutscher Vizemeister.

Steffen absolvierte 1998 ein Spiel für die deutsche Handball Nationalmannschaft gegen Russland in Koblenz und er spielte als Senior weiter für den VfL Rheinhausen, mit dem er mehrere Aufstiege feierte.

Eine Ausbildung zum Ergotherapeuten beendete Steffen im Jahre 2006 und er arbeitet bis heute in psychiatrischen Einrichtungen, wo er Menschen mit Alltagserkrankungen wie Depression, Burnout, Mobbing oder Panikattacken behandelt. Nach mehreren Lesereisen durch Deutschland und Osteuropa erschien sein zweites Buch „Mondlichttänzer" im Jahre 2009.

In dem Buch wendet sich Steffen mehr seiner Heimat, dem Niederrhein, zu und er beschreibt lustige Anekdoten, Geschichten und Alltagspossen aus dem typisch niederrheinischen Leben, wie Marktszenen oder philosophische Kneipengespräche à la Niederrhein.

Die Texte wurden heller, lustiger und herzlicher, wobei Steffen auch in diesem Buch wieder Gedichte und Prosa zum Nachdenken einfügte. „Kleiner Vogel" als preisgekröntes Gedicht findet sich zum ersten Mal in seinen öffentlichen Büchern wieder. Während seiner „Mondlichttänzer" Lesereise durch den Niederrhein wurde Steffen erneut von prominenten Musikern begleitet, die ihn musikalisch mit eigenen Songs und

Coversongs von Peter Gabriel, Genesis, Pink Floyd und Marillion unterstützten. Die Tour wurde bis 2012 verlängert und mittlerweile spielte Steffen bereits einige Live-Gigs in deutschen Hotels in Frankreich, Polen und Gran Canaria. Er baute dabei auch erstmals neue Texte mit ein, die ein wenig Licht auf seine eigene Geschichte werfen. „Die Flucht – Das Tor zur Freiheit“ beschreibt die gnadenlose Flucht seiner Großmutter über die Nehrung aus Ostpreußen nach Deutschland. Er beschreibt anrührend die Vertreibung und Enteignung seiner Familie in Königsberg um 1945 sowie das Fußfassen im Ruhrgebiet und auch die Geschichte seiner Familie väterlicher Seite, die den Zweiten Weltkrieg in Essenberg überlebte. Sein neues Buch, „Über die Psychologie des Niederrheiner – Kleine Geschichten aus der großen Welt“ (im September 2013), umschreibt diese Geschichte mit rührenden Gedichten und Texten. Neben Gedichten über Gefühle, Gedanken und Hoffnungen fließen dieses Mal auch seine Erfahrungen aus der Arbeit mit Menschen mit ein. Das Buch beinhaltet zudem „eine Studie“ über den Niederrheiner und seine kleinen Eigenheiten, die sich immer wieder im Alltag wiederfinden. In dem Text „Typus Niederrheinus“ stellt er mit kleinen, neckischen Alltagsgeschichten, aber auch mit fundierten Bezügen zur Psychologie den Niederrheiner mit seinen vier Charaktertypen vor. Kleine Alltagsgeschichten umrahmen die wissenschaftlichen Bezüge und auch die altniederrheinische Sprache, typische Floskeln und Redewendungen werden dem Leser nähergebracht. So findet sich auf den ersten Seiten ein praktisches „Sprachlexikon des Niederrheiner“ wieder, mit Plattübersetzung, Floskeln und Redewendungen mit deren Herkunft. Herausgekommen ist ein Interessantes, süffisantes Buch über den Typen Niederrheiner und seine Facetten, ein wenig Aufklärung über die Psychologie und wie immer kleine Gedichte und Geschichten aus der großen Welt, die zum Nachdenken anregen und auch für nicht Niederrheiner interessant ist.

Informationen zu Steffen Kersken und der Musiklesetour 2013/ 2014 unter:

SteffenKersken.de

Bücher, die bereits erschienen sind:
Verschlossene Welt – Buch von 2003
Mondlichttänzer . Leben und Geschichten vom Niederrhein – Buch von 2009
ISBN: 9783868051964 - Verlag: Pro Business

Dat is Ansichtssache! 2015
Hardcover, Paperback und E Book
ISBN 978-3-37323-5598-3
Verlag Tredition

Überall im Handel!

Hörbücher:
Schwarzes Album Live 2013
Weißes Album Live 2013
Verschlossene Welt 2003
Mondlichttänzer 2009

Zu Bestellen online unter SteffenKersken.de

Alle Texte Copyright © bei Steffen Kersken

Bilder: Judith Kersken